陕西省教育厅科研项目“陕西历代隐士研究”（14JK1812）资助

陕西省高水平大学建设项目：2015年专项项目资助

陕西历代隐士事略

霍建波◎著

GMSKWK

光明社科文库 GUANG MING SHE KE WEN KU

光明日报出版社

图书在版编目（CIP）数据

陕西历代隐士事略 / 霍建波著. -- 北京：光明日报出版社，2019.3

ISBN 978-7-5194-5118-9

Ⅰ.①陕… Ⅱ.①霍… Ⅲ.①隐士—研究—陕西 Ⅳ.①K203

中国版本图书馆 CIP 数据核字（2019）第 040750 号

陕西历代隐士事略

SHANXI LIDAI YINSHI SHILVE

著　　者：霍建波

责任编辑：陆希宇　　　　责任校对：赵鸣鸣

封面设计：中联学林　　　　责任印制：曹　净

出版发行：光明日报出版社

地　　址：北京市西城区永安路 106 号，100050

电　　话：010-63131930（邮购）

传　　真：010-67078227，67078255

网　　址：http：//book. gmw. cn

E - mail：luxiyu@ gmw. cn

法律顾问：北京德恒律师事务所龚柳方律师

印　　刷：三河市华东印刷有限公司

装　　订：三河市华东印刷有限公司

本书如有破损、缺页、装订错误，请与本社联系调换，电话：010-67019571

开　　本：170mm×240mm

字　　数：160 千字　　　　印　　张：10.5

版　　次：2019 年 5 月第 1 版　　　　印　　次：2019 年 5 月第 1 次印刷

书　　号：ISBN 978-7-5194-5118-9

定　　价：58.00 元

前　言

《陕西历代隐士事略》这本小书是为陕西历代隐士所作的传记。

这里所说的陕西隐士包括中国古代的陕西籍隐士，以及虽非陕西籍但是在陕西有过长期或者重要活动的隐士。而隐士本身的情况也非常复杂，很难做出一个准确的界定。从隐士文化的视角考察，有条件、有能力出仕做官而隐居起来从未出仕的士人是隐士，如梁鸿、韩康、法真等；先仕后隐的士人也是隐士，如伯夷、老子、邵平等；还有先隐后仕者如姜尚、张良、吉茂等，或者屡隐屡仕者如商山四皓、王绩、李泌等，或者亦仕亦隐者如东方朔、王维、白居易等，也都可以被称为隐士。上文所举例证均为陕西隐士，而陕西隐士有上百人之多，涵盖了隐士的各种类型。

历代帝王尤其开国时期的帝王大多和隐士有过交往，并因此产生过许多曲折动人的故事传说。从传疑时期发展到信史时代，一路下来，如尧与许由，舜与善卷，禹与伯成子高，商汤与卞随、务光，周文王与吕尚，周武王与伯夷、叔齐，齐桓公与小臣稷，晋文公与介之推，魏文侯与段干木，鲁穆公与泄柳，汉高祖与商山四皓、张良，汉光武帝与严光、周党，魏武帝、文帝与管宁，刘备与诸葛亮，晋元帝、明帝与任旭，宋武帝与戴颙，梁武帝与陶弘景，隋文帝与苏威、杜淹、杨伯丑，唐太宗与王远知，唐高宗与刘道合、田游岩，唐玄宗与司马承祯，宋太祖、宋太宗与陈抟，宋真宗与种放，元世祖与杜瑛，朱元璋与刘伯温，康熙与傅山，等等，都有故事在流传。

总之，隐士文化和官僚文化既是相对而言的，也是相辅相成的，隐士和政治有着千丝万缕的关联。隐士们不管是主动或被动疏离现实社会，还是对抗现实统治，都避不开政治的影响。杜甫《秋兴八首》其六说“秦中自古帝王州”，意思是说长安自古以来就是历代帝王们的建都之地。陕西（以西安为主，包括咸阳等城市）是历史上建都朝代最多、时间最长的省份，也是古代帝王们活动最多的地方，同时陕西的华山、终南山、商山、太白山等也都非常适合隐居，因而陕西隐士也较其他省区为多，所创造的隐逸文化也更为丰厚，给国人的精神气质、性格特征的影响也更大。故了解了陕西隐士，即能对中国古代隐士文化窥一斑而见全豹。

《陕西历代隐士事略》选取了中国历史上最有代表性的三十几位陕西隐士进行考察，从商朝末期的太伯、仲雍、吕尚等开始，一直到明末清初的李颙。既记载他们的生平事迹，也探讨他们的学术思想、性格心理，更关注他们的隐逸行为、隐逸品格对陕西乃至中国古代文化所产生的影响。传记体例统一，每位隐士，都以一个小标题引领揭示，接着先以小传进行简明扼要的概括，然后再进行详细细致的记述。

为了更好地解读陕西隐士，理解其在中国隐士文化中的地位、作用，笔者把自己近年来关于中国隐士文化的几篇论文也附在了后面。这些论文，有的从制度层面解读隐士文化，有的从文化原型角度划分隐士类型，有的探讨家世、政治与隐士之间的关系，有的探析隐士的生命意识，有的概括隐士精神发展史，等等。这些论文，均是笔者近年来关于隐士文化的一些心得与思考。虽然没有创见与新意，卑之无甚高论，但也愿与广大读者朋友分享，接受读者朋友的审阅与批评。

由于笔者学问浅薄，见解平庸，错误与不足之处在所难免，敬请广大读者朋友谅解，并提出宝贵的批评意见。

霍建波

2018 年 5 月 6 日

目　录
CONTENTS

卷上

陕西历代隐士事略

01　太伯、仲雍三让天下

太伯、仲雍小传：太伯①、仲雍是周太王的长子、次子，姓姬，商朝晚期人，具体生卒年不详。周太王有三子，长曰太伯，次曰仲雍，次曰季历。季历贤能，且生圣子昌。太伯、仲雍知父欲传位于季历，遂奔吴地以让之，吴国奉他们为始祖。

太伯是周族的一位传奇人物。周族本是羌族的一支，在殷商末期兴起于陕西渭水流域。到了古公亶父②（即周太王）继任首领时，周族还过着穴居野处的游牧生活。后来，古公亶父带领部族迁徙到岐山脚下的

① 太伯即泰伯。太、泰都是从大字而来的。战国文字，六国异形，楚系文字，作“泰”；秦系文字，则往往用“泰”为“太”。《史记》《汉书》都作“太”，还保留着秦系文字的特点。

② 古公亶父：姬姓，名亶父，又被尊称为周太王。

周原①，自称为周。到达周原后，古公亶父亲自察看地形，安顿居民，规划城郭。同时，古公亶父还大刀阔斧地进行变革，如革除戎狄习俗、发展农业、营筑城郭室屋、按照地缘编定社会组织、制定官制等，奠定了周族立国与灭商的根基。古公亶父还在城中建立宗庙，制定法度，设立官署等。短时间内，周原便呈现出一派祥和鼎盛的景象。附近的各族人民闻知周太王忠厚爱民，都来归附于他。

但是古公亶父也有烦心事，他的烦心事非同一般，直接关系到周族的稳定以及未来的发展。古公亶父有三个儿子，长子太伯，次子仲雍，小儿子季历。三个儿子各有所长，都是难得的人才。长子太伯为人仁义，谦让忠厚，很有人缘，但他成家多年，并无子嗣；次子仲雍聪慧文雅，孝顺父母，与兄弟友爱；小儿子季历贤明能干，富有管理才能。季历娶妻大任，生子姬昌。姬昌出生当晚，天空出现一片红光，良久才散。古公亶父有感而发，说："这难道不是上天给我们的启示吗？也许我们周族的昌盛，就在他的身上了！"于是给季历之子起名为昌。随着时间的推移，古公亶父越来越发现姬昌这孩子非同一般。他聪明颖悟，对一些问题的见解，有时连大人都惊叹不已。眼看自己年事已高，古公亶父为选定周族继承人一事伤透了脑筋。他属意于小儿子季历，将来季历能传位于姬昌。但是按照当时礼仪的惯例，古公亶父百年之后，周族首领应该有长子太伯继任，太伯无子，可再传位于仲雍，王位怎么也轮不到季历。古公亶父为此犯了愁，并因劳累过度，积劳成疾，就此一病不起。

对于父亲的苦恼以及病因，太伯心里跟明镜似的。这一天，他约仲

① 周原是周族的发祥地，包括今陕西省岐山和扶风两县的一部分。

雍一起去见三弟，并告诉三弟说，作为兄长，他们有责任到深山采药，把父亲的病治好；他们走后，照顾父亲以及管理周族事务的重担，就都交给了季历。季历再三挽留，怎奈太伯、仲雍心意已决。其实太伯、仲雍去深山采药是假，他们明白父亲的心意，也相信季历和姬昌的才干，为了周族的稳定以及发展，他们主动放弃了继承王位的权力，翻山越岭去了荆楚隐居起来。

太伯、仲雍一去不返，古公亶父不久也病逝了。为了照顾部族的传统，他留下临终遗嘱，要季历让位给太伯。太伯、仲雍得知父亲去世的消息，于是回来奔丧，极尽孝义之道。这时，季历依照父亲遗命要将王位让给太伯，太伯坚辞不受，但是季历不依。太伯多次避让不成，只好和仲雍再次悄悄逃回荆蛮吴部落中。这一次，为了表示义无反顾之心，太伯、仲雍二人遵从吴地习俗，剪掉了头发，并在身上刺上花纹，表示不可再委以重任了。

季历发现二位兄长再次逃走，虽然也知道很难再追回来，但是他仍然不死心。他一边管理周族日常事务，一边派人四处探访。后来使者找到太伯，传达了季历的意思，希望他们返回周族，继任首领。这时太伯、仲雍二话不说，一起摘下帽子，脱去上衣，使者看到他们已经断发文身，就很失望地离开了。季历知道后，很是感动，于是更加尽心尽力治理周族，励精图治，终于使周族强大起来。季历死后，姬昌即西伯侯之位，后被尊为周文王。在文王统治期间，周族得到了进一步发展。终于在姬昌之子姬发（即周武王）时代，灭掉了残暴的商纣王，建立起强大的新王朝——周朝。

再说太伯、仲雍二人主动断发纹身，避让王位的事情传开后，感动了很多人。人们纷纷赞扬二人的高风亮节，也心甘情愿让他们做当地的首领。后来，在他们身边的人民越聚越多，逐渐形成了一个新的部族。后来大家拥立太伯为当地的君主，尊称他为吴太伯。因太伯无子，死后由其弟仲雍继位。

太伯之后五百年，中国出了一个大圣人，他就是被后人称为“至圣”的孔子。孔子读书，看到太伯、仲雍二人的故事，非常感动，他拍案而起，大声夸赞道：“泰伯，其可谓至德也已矣！三以天下让，民无得而称焉。”（《论语·泰伯》）意思是说太伯拥有最高的德行，他多次避让天下之位，老百姓都不知道用什么语言来称赞他了。

孔子之后四百年，中国又出了一个大圣人，他就是被后人尊为“史圣”的司马迁。司马迁对太伯也非常敬仰，他在《史记》“世家”部分的第一篇，就为太伯树碑立传，称“太伯之奔荆蛮，自号句吴。荆蛮义之，从而归之千余家，立为吴太伯。”（《史记》卷三十一《吴太伯世家》）司马迁把太伯作为吴国的首任国君，立传记载，使之流芳百世。

太伯、仲雍兄弟面对王位权势，荣华富贵，表现得那么从容淡定，比起后世皇室为争夺王位而钩心斗角，乃至刀兵相见、自相残杀，其品行高出何止百倍、千倍！有人认为他们是隐士，有人否认。笔者认为，太伯、仲雍兄弟即使不算是隐士，他们的退隐行为和淡泊名利的品节，也和真正的隐士毫无二致。

02 吕尚渭水垂钓

吕尚小传：吕尚是商末周初人，生卒年不详。姜姓，吕氏，名尚，又名望，字子牙，号飞熊。他早期怀才不遇，做过小买卖。后到西岐，隐居在渭水边垂钓。周文王闻而聘之，立为国师，后为国相。辅佐周武王伐纣，建立西周，被封为齐国首任国君。

吕尚的始祖四岳伯夷曾因辅佐大禹治水有功而被封于吕地，因此得吕氏，故称吕尚。但是到了商朝末期，吕尚出世时，家境早已经败落，所以吕尚年轻的时候干过很多粗活，如他做过宰牛卖肉的屠夫，也开过酒店卖过酒。但吕尚人穷志不短，无论宰牛也好，还是卖酒也好，他都能始终勤奋刻苦地学习天文地理知识以及军事谋略，研究治国安邦之道，期望有一天能为国施展才华，建立丰功伟业。

可惜，吕尚生不逢时。他生活在商末纣王统治时期，而商纣王是历史上有名的暴君，也是亡国之君。商纣王统治后期，宠幸妲己，耗巨资建鹿台，造酒池，悬肉为林，过着穷奢极欲的生活。商纣王刚愎自用，听不进正确的意见，在上层形成反对派。纣王杀比干，囚箕子，失去了人心。他连年用兵，致使国库空虚，国力衰竭，民怨沸腾。吕尚眼见社会现实被纣王弄得乌七八糟，非常痛心。后来他听说西岐的首领西伯侯姬昌忠厚贤良、仁义爱民，很得人心，于是就想到西岐碰碰运气，寻找机会。到了西岐渭水河边，吕尚又不愿意像一般人那样主动前去谒见，觉得那样反而会被西伯侯看轻了。于是他灵机一动，想到了一个好主意。

吕尚来到渭河的一个支流磻溪①河边隐居起来，每天都到河边垂钓。但是他连钓三年（一说十年）都没有钓到一条鱼，为什么呢？这是因为他钓鱼与众不同。他用直钩钓鱼，钩上不设鱼饵，并且鱼钩离水

---

① 磻（pán）溪：古水名，在今陕西省宝鸡市东南。

面三尺，这样当然不可能钓到鱼了。虽然长期没有钓到鱼，但是他的名声却传遍了整个西岐，西岐人都知道在渭水磻溪河边有一个奇怪的渔翁。可见，吕尚作秀的本领还是很好的。

西伯侯姬昌是周族一个杰出的首领。他待人宽厚，敬老爱幼，老百姓都很拥护他。他选贤任能，礼贤下士，许多有本领的人纷纷前来投奔，因此他手下聚集了许多博学之士和勇敢的战将，并实际上控制了黄河西岸一带的部落。商纣王看到周族的势力越来越强，心生忧虑，于是寻了一个理由把周文王找来，囚禁在羑里（今河南汤阴县西北）。传说姬昌在被囚禁期间，并没有意志消沉，而是潜心研究伏羲氏八卦的占卜之学，并对它做了深入分析，把八卦推演成六十四卦，并写成了《易》一书。后来，姬昌的臣子为了营救他，搜罗了美女、骏马和珍宝献给纣王，并收买商朝的佞臣，请他们在纣王面前求情。纣王很贪财，又喜欢美女，于是听了佞臣的话，释放了姬昌。姬昌获得自由以后，决心治理好自己的部落，报仇雪耻，推翻商朝。他看到自己手下虽然有不少文臣武将，可是还缺少一个运筹帷幄、掌控全局的人，协助他实现灭商大计。

有一次，姬昌要外出打猎。打猎之前，算了一卦。卦辞说，他这次获得的既不是龙，也不是螭，既不是虎，也不是熊，而是能够辅佐王霸的贤臣。姬昌非常高兴，于是出发了。结果在渭水边，遇到了一个须发斑白的老渔翁。老渔翁用不设饵的鱼钩垂钓，且离水面几尺高，嘴里还念念有词的絮叨着："快上钩呀！快上钩啊！愿意上钩的快来上钩啊!"姬昌见到很奇怪，于是就过去和老人攀谈起来。经过交谈，姬昌发现这个渔翁并非凡庸之人。他不但志存高远，而且学识渊博，上通天文，下知地理，对政治、军事各方面都很有研究，特别是对于当时的政治形势，有着深刻独到的见解。姬昌觉得觉眼前的这个渔翁正是自己要找的人，于是诚恳地邀请他一同上车。回去之后，姬昌立吕尚为国师，也就是最大的武官；后来又任国相，总管全国政治和军事事务。

吕尚果然不负姬昌的期望，辅佐他整顿政治和军事，在国内发展生产，使人民安居乐业；对外征服各部族，开拓疆土，并联合友邦，削弱商朝的力量。姬昌在吕尚的辅佐下，先后打败了犬戎、密须等部族，征服了几个小国家，并吞并了与商朝结盟的崇国，在崇国的地域上营建了一个丰城。把都城从岐山南边的周原迁到了丰城，迁都以后向东发展。到姬昌晚年的时候，周的国力已十分强盛，疆土大大扩充，西边收复了周族的老家（今陕西、甘肃一带），东北拓展到现在山西的黎城附近。东边到达今河南沁阳一带，逼近了殷纣王的都城朝歌，南边把势力扩张到了长江、汉水、汝水流域。据说，当时天下的三分之二已经控制在周族的手里，为灭商奠定了坚实的基础。

姬昌死后，其子姬发即位，史称周武王。武王追封其父为文王，尊称吕尚为“尚父”。武王对吕尚言听计从，使周朝的政治愈益清明。相比之下，此时殷商王朝政局更加昏暗，叛殷附周的人越来越多。周朝逐渐羽翼丰满，势力强大。武王与吕尚认为时机已经成熟，于是出兵讨伐商纣王。经过牧野之战，周族军队以少胜多，击溃了商军主力。商纣王看到大势已去，于是自焚而死。商朝灭亡，西周建国。为了奖励吕尚的丰功伟绩，周武王封吕尚为齐国国君。

吕尚堪称中国谋略学的祖师，其谋略对周族的发展乃至周朝的建立都起到了至关重要的作用。司马迁在《史记》卷三十二《齐太公世家》称扬他道：“天下三分，其二归周者，太公之谋计居多。”“迁九鼎，修周政，与天下更始，师尚父谋居多。”从隐士文化角度考察，吕尚以隐居为手段，以出仕为目的，类似于后代儒家手段式的待时之隐。在儒家经典《论语》《孟子》两书中，孔子、孟子曾较为详细地表述了这种隐逸观。

03 伯夷、叔齐叩马而谏

伯夷、叔齐小传：伯夷、叔齐兄弟是商末周初人，具体生卒年不详。他们本是商朝北方的大国——孤竹国的两个王子，因为相互推让王位而隐退。他俩曾劝谏周武王，试图阻止武王伐商，但没有成功。后来隐居在首阳山，采薇而食，最终饥饿而死。

孤竹国从夏朝就开始出现了，在商朝发展到鼎盛时期，其领地主要包括现在的河北省东北部和辽宁省西部地区一带。到商朝末年，孤竹国仍然是北方的一个大国。孤竹国号称礼仪之国、文明之邦，民风淳朴，社会和谐，民众安居乐业。老国君有三个儿子，长子叫伯夷，小儿子叫叔齐，兄弟几个一直保持着良好的感情。

不久，他们的父亲孤竹国的老国君去世了。按照父亲的遗愿，叔齐应该继承君位，但是叔齐对于国君之位不感兴趣，他认为自己的兄长伯夷宽厚仁爱，素有贤名，决定让哥哥代替他成为孤竹国的国君。然而，伯夷知道这件事后却对叔齐说：“这是父亲的遗命呀！”伯夷害怕弟弟真的把王位让给他，让自己担上不孝的罪名，于是就偷偷地逃跑了。但是叔齐也不愿意做国君，知道伯夷逃走之事，也追随着哥哥的脚步离开了自己的国家，抛弃了国君之位。孤竹国的臣民没有办法，只好拥立老国王的次子为国君。

看到叔齐追随着自己放弃了王位，伯夷有些许无奈。但这也是没有办法的事情，谁让他们兄弟二人的志向都不是统治国家呢？孤竹国是不能回去了，但是去哪里好呢？兄弟二人商量道："听说西伯侯姬昌是个贤人，能很好地赡养老人，我们为什么不投奔他去呢？"于是两人决定去投奔周族。这时伯夷、叔齐兄弟年龄都比较大了，又没有车马等交通工具，只能步行，所以走了很长一段时间。等他们到了西岐，便隐居起来。不久，西伯侯去世。他的儿子姬发即西伯侯之位，史称周武王。武王追尊姬昌为文王，也就是我们所称的周文王。

让伯夷兄弟惊讶的是武王竟然把父亲的木质灵牌放在了兵车上，用来激励手下的将士，向东方出兵讨伐荒淫无道的商纣王。看到这一情况，伯夷、叔齐立刻拦住武王的战马，劝谏道："你的父亲死了，你却不去安葬他，而是发动战争攻打别人，这么做能算是孝顺吗？你作为臣子，却要去杀害君主，这么做能算是仁义吗？"伯夷、叔齐当众责难周武王不孝不仁，让武王非常尴尬，一时不知如何回答，愣在那里。见此情景，武王身边的侍卫们忍不住了，他们准备拔刀杀掉伯夷、叔齐兄弟。这时，太公吕尚及时制止了他们，他说："这是有节义的人呀！千万不能杀害他们，杀之不祥。"于是派人搀扶着他们离开了。

再说周武王，他率领着浩浩荡荡的大军直奔商朝的都城——朝歌。后来在朝歌的郊野——牧野遇到商朝军队。武王以少胜多大败商朝军队，进而平定了天下，建立起了一个新的王朝——周朝。消息传来，伯夷、叔齐兄弟二人认为这是奇耻大辱。他们坚持自己心中的那套为人处事的标准，坚持自己的仁义之道，认为武王伐纣是以下犯上、以臣弑君，做得不对。于是他们拒绝出仕周朝，拒绝食用周朝的粮食，并且跑到首阳山①隐居起来。伯夷、叔齐兄弟每日采薇而食，与山林中的鸟兽为伴。

每天吃野菜，营养自然跟不上。不久，伯夷、叔齐兄弟二人都变得非常憔悴了。尤其到了秋冬，连野菜都很难采到了。而他们又坚持气节，不肯屈服。就这样，长期的饥饿夺去了他们的生命。在生命的最后关头，他们唱起了歌："登彼西山兮，采其薇矣。以暴易暴兮，不知其非矣。神农、虞、夏忽焉没兮，我安适归矣？于嗟徂兮，命之衰矣！"意思是说，登上那西山啊，采摘那里的薇菜。以暴力改变暴政啊，竟认识不到那是错误。神农、虞、夏的太平盛世转眼消失了，哪里才是我们的归宿？哎呀，我们的命运是这样的不济！这是我国文学史上最早的一首隐逸诗，表现了他们对周武王的批判和控诉。他们以殉道士的立场坚持着自己的仁义之道，体现出了高洁的品性。看到自己的理想破灭，他们甘愿隐居山林，并为坚持理想献出了自己的生命。

西汉的司马迁非常赞赏伯夷、叔齐兄弟的高风亮节，把他们的传记设在《史记》七十列传的第一篇，并引用孔子的话语进行了很高的评价。当然，今天看来，武王伐纣乃是历史的进步，符合历史发展的规律。但如果从伯夷、叔齐兄弟的角度来看，也有一定的道理，所以并不能简单地以迂腐、落后来评价他们。

---

① 关于首阳山具体在哪里，有在辽西、河南、山西、陕西、甘肃等多种说法。考虑到他们年龄较大，且在西岐附近谏阻周武王，他们隐居之地很有可能是在陕西。

04　老子楼观台传道

老子小传：老子是春期末战国初时人，具体生卒年不详。他做过周守藏室之史，后隐退。经过函谷关时，受守将尹喜之邀撰写了《道德经》一书。老子是道家思想的创始人，被后来的道教尊为祖师爷。走上神坛后，便是民间神话故事中的太上老君。

老子姓李，名耳，字伯阳，又字聃①，因此也被称为老聃。他是春秋末期、战国初期的楚国苦县厉乡曲仁里人，曾经做过周守藏室之史，也就是周朝掌管藏书室的史官。后来看到周朝衰落下去，便辞官西去做了隐士。老子是道家思想的开创者，著有《道德经》② 八十一章，全书虽然仅有五千多字，但言约意丰，含义深刻，对后代产生了极其深远的影响。

一般认为，老子与孔子同时而稍早。孔子虽是儒家的创始人，学问渊博，但却对老子极为尊重和赞赏。他曾经前往周都，向老子请教有关礼的学问。于是，老子就把他关于礼的理解告诉了孔子。在这位道家先哲看来，孔子所说的礼，倡导它的人，骨肉皆已腐烂，只有他们的言论在世间尚存。在他看来，作为一个君子，时运来了就应该驾着车出去做官；如果生不逢时，就应该像蓬草一样随风飘散，过避世隐居的生活。

---

① 聃（dān）：耳朵长而大。

② 《道德经》又称《老子》，原上篇《德经》，下篇《道经》，不分章。后改为《道经》在前，《德经》在后。

老子说："我听说，善于经商的人把货物隐藏起来，好像什么东西也没有。君子具有高尚的品德，他的容貌谦虚得像愚钝的人。"他还告诉孔子，应该抛弃骄气和过多的欲望，抛弃做作的情态神色和过大的志向。老子认为，这些东西都是对自身没有好处的。从这些话语中，我们可以清楚地看到老子少私寡欲、见素抱朴的道家思想。

孔子与老子接触后，认为老子学识造诣极深，见解独到。他非常感慨，对弟子们这样说："鸟，我知道它能飞；鱼，我知道它能游；兽，我知道它能跑。会跑的可以织网捕获它，会游的可制成丝线去钓它，会飞的可以用箭去射它。至于龙，我就不知道该怎么办了。因为，龙是驾着风云而飞腾升天的。我今天见到的老子，大概就是龙吧！"孔子认为老子像龙一样神秘，对老子做出了极高的评价，对老子的思想观点也极为信服。

老子一生研究道德学问，其学说的宗旨就是隐逸无名，不求闻达。他一直以来在周都洛阳生活，后亲眼看到了周朝的衰微，于是就离开了周都，准备找个地方隐居起来。他骑着青牛西去，到了函谷关，当时的关令尹喜知道老子这个人，也了解到老子准备退隐，不忍心他的才华就此埋没，于是对他说道："您就要隐居了，勉力为我们写一本书吧。"老子于是就写了上下两部书，一共五千余字，即后来的《道德经》一书。之后，老子又骑牛向西而去，后来不知所终。

也有人认为尹喜本是东周的大夫，通晓天文历术，曾在今陕西周至县东南的终南山麓之楼观山结草为楼，观察天象。有一天他看到有大片的紫气从东方飘来，便知道将会有智慧真人从此经过，于是主动要求担任函谷关令，在此迎候老子。接到老子后，便一起回到楼观山的草楼，并在楼南边的高冈上建起一座土台，由老子在上面讲授《道德经》。后来老子被尊为道教的始祖，楼观台之名就取代了楼观山，成为道教的祖庭，并获得了“道教仙都”“天下第一福地”等美誉。现在楼观台还保存着许多与老子有关的遗迹，如说经台、炼丹炉、系牛柏、老子墓、藏经阁等。老子一生追求无为、无名，他的思想充满了浓浓的隐居避世的情怀。因此，老子最终选择隐居终南山正契合了他的思想，自然也是他最好的选择。

有人把孔子与老子放在一起，进行对比分析：他们二人都是中国古代的文化圣贤，都对后代有极为深远的影响。因为孔子周游列国十几年，却“西游不到秦”，从未踏足秦地；而老子意识到秦国将来必会大有作为，所以弃官后毅然西游，并最终隐居在楼观山传道，死后安葬在这里。西汉史学家司马迁在《史记》中曾为老子立传，专门记载了其生平事迹，使之能流芳百世。西汉刘向《列仙传》、西晋皇甫谧《高士传》等，也对老子事迹有过记载，可以参考。

05　段干木游西河

段干木小传：段干木是战国初期的晋籍魏人，出身贫寒。他曾在西河即今陕西北部一带游历，其朋友大多做了将军。只有段干木守节不出，清高隐居。魏文侯对他非常尊敬，多次求见，终于如愿，并以师礼待之。秦国曾攻打魏国，终因敬畏段干木而罢兵。

魏国有高士，高卧遏秦师。

文侯走相见，逾垣惟恐迟。

清节不可屈，浮云不可移。
一见大难事，乃欲奔走之。
朝上山之巅，暮临水之湄。
罗者尚薮泽，冥冥鸿已飞。

这首五言诗《汾州有怀段干木》是清代黄立世为纪念段干木而作的，概括了他一生的主要事迹。西晋著名诗人左思在《咏史》八首其三中也对段干木做出了很高的评价，该诗云：“吾希段干木，偃息藩魏君。吾慕鲁仲连，谈笑却秦军。当世贵不羁，遭难能解纷。功成耻受赏，高节卓不群。临组不肯绁，对珪宁肯分。连玺曜前庭，比之犹浮云。”

段干木到底是何许人，能够得到诗人们的如此赞赏？一般认为，段干木复姓段干，名木。也有人认为段干木曾被封于段，为干木大夫，故称段干木。他本是战国初期的晋国人，具体生卒年不详。后三家分晋，他又成为魏国人。段干木年少时家境贫寒，生活清苦，但却不愿意做官，于是游历于西河一带，过着半隐半游的生活。西河是魏国黄河以西的地区，大致在今陕西省东部黄河西岸一带。

段干木曾拜卜子夏为师，学习儒家思想。卜子夏姓卜名商，是孔子优秀的学生，也是“孔门十哲”之一、“七十二贤”之一。卜子夏在魏国讲学，有弟子三百余人。段干木与当时的名流如田子方、李克、翟璜、吴起等都是他的学生。段干木与他们一起游学，一起生活在魏国。不久，这些朋友先后都做了魏国的将领，只有段干木坚持自己的隐居之道，不愿出仕为官，但是他的名气反而越来越大，并引起了魏国统治者的注意。

魏文侯听说了段干木的大名，也了解了段干木的才华，认为他是个贤才，于是想要见见段干木。一次，魏文侯亲自登门拜访，已经走进了他的家门，段干木知道后，就急忙从后院跳墙逃走了。魏文侯没有见到段干木，却对他愈发敬重。文侯用对待最尊贵的客人的礼节来对待段干木，每次出行经过他的家门口，一定要扶轼表示敬意。文侯的从人对于文侯的做法十分不解，于是问道："段干木不过是一个布衣百姓，您作为诸侯国的一国之君，在他家门口敬礼，这么做不是太过分了吗?"文侯回答道："段干木是个有才能的贤士，他不因为我的势力而改变自己隐居的志向，心中始终怀有着君子之道。他虽然隐居在穷乡之中，但他的名声却早已名扬万里。我怎么敢不去礼敬他呢？况且，段干木以他的贤德为荣，而我却是以自己的势力为荣；段干木所富有的是义，而我所富有的是财。势力不如德行高贵，钱财不如道义贵重。因此，我怎么能不尊敬他呢?"

后来，魏文侯准备拜段干木为相。段干木不但不肯接受相位，甚至也不肯去拜会文侯。后来，段干木觉得自己是魏国的一个普通百姓，却屡次拒绝魏国国君的好意，有些不太合适，这才答应与文侯会面。文侯听说，马上来见他。文侯在与段干木见面谈话期间，神色恭敬，站在那里似乎连呼吸都不敢发出太大的声音。文侯站了很久，已经感觉很劳累了，但是也不敢坐下休息。

公元前401年，秦国攻打魏国，军队已经到了魏国阳狐（山西垣曲县东南古城）。这时候，有人劝谏秦王道："魏文侯求贤若渴，礼贤下士，有段干木等贤士尽心辅佐，全国将士团结一致，咱们万万不可轻举妄动，否则将会招致失败。"秦王认为说得很对，于是就主动就退了兵。魏文侯在位五十年，开创了魏国历史上最辉煌的时代，其名声甚至盖过了齐桓公，这主要是因为他能够尊敬段干木，敬重卜子夏，还能与田子方等成为朋友，得到了他们全力辅助。

段干木终身不仕，但他又不同于那些隐居山林的隐士。他隐居在市井穷巷，隐于社会底层的平民百姓中，但也不拒绝与达官贵人来往。他尽管一生没有步入宫廷为官，但是他却用他的品行与才华对魏文侯产生了深远的影响，使魏文侯成为战国初年名闻遐迩的贤明国君。段干木淡泊名利，不为官场所累，是一位真正的隐士。他虽然没有做官，却能关心天下苍生，也许这正是历代名人对其赞不绝口的主要原因吧。段干木之后，《吕氏春秋》《淮南子》《说苑》《高士传》等典籍，都曾对段干木的生平事迹进行过或详或略的记载。

06 邵平青门亭种瓜

邵平小传：邵平本是秦朝的东陵侯，秦灭亡后沦为平民。他甘于平淡的生活，在长安城东青门亭种瓜为生，瓜味甜美，时人谓之“东陵瓜”。邵平还有较高的政治敏锐性，能从汉高祖刘邦封赏萧何的事件中看出刘邦对萧何的怀疑和忌惮，可谓洞察先机。

秦朝末年，各地纷纷爆发农民起义，秦政权处在风雨飘摇之中。公元前207年，刘邦率领军队攻克咸阳，秦王子婴投降，标志着秦朝灭亡。公元前206年，项羽建立西楚王朝，自称“西楚霸王”，封刘邦为汉王。接着是四年的楚汉战争，最后刘邦打败项羽，于公元前202年建立起西汉政权，定都长安。

西汉建立之初，百废待兴，政局不稳，不少异姓王纷纷叛变。公元前196年，代王陈豨就发动了一场兵变。汉高祖刘邦担心其他人不是陈豨的对手，就亲自率军到了邯郸，准备攻打陈豨。就在叛军还未收服之前，消息传来，淮阴侯韩信又在关中谋反了。后来，吕后采用了萧何的计策，诛杀了韩信。刘邦听说淮阴侯韩信已被诛杀，便派遣使者拜丞相萧何为相国，加封五千户，并给他配备了五百名士卒、一名都尉作为相国的卫队。朝中的文武百官闻讯，都纷纷前来祝贺萧何。只有邵平不以为然，还对他表示哀悼，这让萧何很感意外。

这个邵平原来是秦朝的东陵侯，秦朝被起义军灭掉之后，他也沦为了平民。成为平民的邵平家境贫寒，只好在长安城东青门亭种瓜谋生。由于邵平种的瓜味道甜美，大家都喜爱吃，因此送给了他“东陵瓜”的美誉，这是根据召平之前的封号来命名的。据记载，秦始皇之父秦庄襄王和赵姬死后葬于临潼区秦东陵。于是，秦始皇就封邵平为东陵侯，监护这片陵墓，并封一千户。由于邵平不仅在这里种瓜，而且开店卖瓜，所以这里后来被人叫作“邵平店”。

邵平对相国萧何说道：“您的祸患从此将要开始了。皇上风吹日晒地统军在外，而您留守在朝中，未尝遭遇到任何战争的险恶，反而增加您的封邑，并且设置卫队，这是因为目前淮阴侯刚刚在京城谋反，皇上对您已经有所猜疑了。设置卫队保护您，这并不是皇上宠信您，实际上是在看管监禁您。等到皇上平叛归来之日，就是对您动手之时。希望您不要接受皇上的封赏，并且把自己全部的家资财产捐献给军队。如此一来，皇上心里高兴，就会认为您忠心国事，不会怀疑您有二心了。”萧何听了，认为他说的很有道理，于是便接受了他的计策，捐献出了全部家财私产，汉高祖刘邦果然因为萧何的做法而非常高兴。

由此可见，邵平极富政治头脑，能够见微知著，从细小的政治事件中把握到统治者的心理活动。虽然邵平帮助萧何渡过了难关，但是却不接受萧何馈赠的任何钱财，更不愿攀龙附凤，乘机上位，而是自甘平淡，继续过着自食其力、隐居种瓜的生活，直至老死。邵平的可贵之处，不仅在于他能够见微知著、洞察统治者的心理，更在于他淡泊名利、知足常乐的精神追求，尤其在于他失去爵禄后投身到劳动生活中，自食其力，无怨无悔。

对于邵平这样一位隐居的高士，历代文人对他都大加赞赏。司马迁在《史记》卷五十三《萧相国世家》中，曾提及邵平的主要事迹。三国时期的著名诗人阮籍，在他的《咏怀诗》八十二首其六中写道："昔闻东陵瓜，近在青门外。走轸距阡陌，子母相钩带。五色耀朝日，嘉宾四面会。膏火自煎熬，多财为祸害。布衣可终身，宠禄岂足赖。"东晋大诗人陶渊明在他的《饮酒》二十首其一中也说："衰荣无定在，彼此更共之。邵生瓜田中，宁似东陵时！寒暑有代谢，人道每如兹。达人解其会，逝将不复疑。忽与一樽酒，日夕欢相持。"王维《老将行》也提到了邵平："路旁时卖故侯瓜，门前学种先生柳。"几位诗人都对邵平的处变不惊、淡泊名利大加赞赏，由此可见，邵平对后代也产生了较为深远的影响。

07　四皓隐居商山

四皓小传：四皓曾做过秦朝的博士官，辅佐秦始皇统一六国。后来，他们看到秦始皇不恤民力，实施暴政，于是弃官不做，逃到商洛深山隐居起来，世称“商山四皓”。西汉初期，四皓出山辅佐太子刘盈，稳定了其地位。后刘盈登基，史称汉惠帝。

商山四皓也称“南山四皓”，是秦末汉初之际隐居在商山的四位著名隐士，他们分别是东园公、夏黄公、绮里季和甪里先生。四人不仅品行高洁、德高望重，而且得享高龄，均须发皓白，故称“四皓”。他们都做过秦朝的博士官，曾经辅佐秦始皇一统天下，在实行郡县制、统一度量衡等国政方面做出了重要贡献。后因秦始皇统治后期实施暴政，焚书坑儒，他们不愿助纣为虐，于是弃官而走，退隐于商洛商山的深处。在那里，他们远离了黑暗腐败的朝政，过着无拘无束的生活，以等待天下太平。

西汉初期，汉高祖刘邦准备废黜太子刘盈，立戚夫人的儿子赵王如意为太子。很多大臣进谏劝阻，都没能改变刘邦坚决的意志。吕后大为惊恐，不知道该怎么办。有人对吕后说：“留侯善于出谋划策，皇上也很信任他。”于是吕后派建成侯吕泽拜访留侯张良，让他出主意。张良本来不愿意参与刘邦家事，于是说道：“当初皇上多次处在危急之中，采用了我的计谋。如今天下安定，由于偏爱的原因想更换太子，这些至亲骨肉之间的事，即使同我一样的有一百多人进谏又有什么益处呢？”最后，迫于吕后与建成侯的压力，张良给他们出了一个计策，他说道：“皇上不能招致而来的，天下有四个人。这四个人已经年老了，都认为皇上对人傲慢，所以逃避躲藏在深山中，他们按照道义不肯做汉朝的臣子，但是皇上很敬重这四个人。现在您果真能不惜金玉璧帛，让太子写一封信，言辞要谦恭，并预备安车，再派有口才的人恳切地聘请，他们应当会来。来了以后，把他们当作贵宾，让他们时常跟着入朝，叫皇上见到他们，那么皇上一定会感到惊异并询问他们。皇上知道这四个人贤能，这对太子就是一种帮助。”

于是吕后让吕泽带着太子的书信，准备好了厚礼，言辞谦卑恭敬，来迎接四皓。果如张良所言，四皓应邀前来。四皓来了以后，就住在建成侯的府邸。公元前 196 年，黥布反叛。此时刘邦得了重病，准备让太子带兵去讨伐黥布。四皓闻知此事，相互商议说：“我们之所以前来朝廷，是为了要保全太子；但太子如若率兵平叛，事情就危险了。”于是他们极力劝阻这件事，让吕后告诉刘邦，一定要刘邦亲自出征方可大胜。因为四皓深知，刘邦的部将不服刘盈管辖，故刘盈率队出征很可能招致失败；而刘盈作为当朝太子，如果获胜建立军功，也只是锦上添花，没有多大益处，如果平叛失败，则对太子的声望是严重的打击。

公元前 197 年，刘邦平叛成功，凯旋而归。但刘邦的病情也愈发严重，就更想改立太子了。很多大臣上言劝阻，但刘邦根本听不进去。吕后和太子都彷徨无计，不知如何是好。一天，刘邦在宫中设宴庆祝胜利，太子陪同。这时，刘邦看到太子身后站着四个须发皆白的老者，非常惊异地询问他们是谁，四皓一一报上了姓名。刘邦听后大惊，说：“我找了诸位好多年，你们却一直躲避我，现在为什么跟我的儿子来往呢？”四皓说道：“良禽择木而栖，贤才择主而事。现在太子仁慈孝顺，谦恭下士，所以臣等投奔太子，愿意当他的宾客。”四皓说完，就告辞离开了。

刘邦目送四皓离去，心中百感交集，他终于下了决心，不再更换太子了。于是，刘邦召唤戚夫人过来，指着那四个人的背影给她看，说道：“我本想更换太子，他们四个人却一心一意地辅佐他。太子的羽翼已经丰满，难以变动了。以后，吕后就真是你的主人了。”不久刘邦去世，太子刘盈登皇位，这就是汉惠帝。惠帝刘盈为报答四皓辅助自己的功劳，准备大加封赏，但四皓却淡泊名利，不愿接受朝廷的任何奖赏。于是他们婉言谢绝了惠帝的好意，返回商山故地重新隐居起来，直到寿终。

西汉著名史学家司马迁在《史记》卷五十五《留侯世家》曾记载了四皓的故事，西晋皇甫谧《高士传》卷中也对他们的事迹进行了专门记录，可以参看。今天，陕西丹凤县还建有商山四皓碑林园，园内保存了历代文人骚客咏唱四皓的百余篇诗文。这些诗文从不同角度出发，盛赞了四皓淡泊名利、坚持道德操守的高风亮节。其实四皓并不是商山人，但他们隐居在商山，以商山为家，死后还安葬在商山，为商山留下了一道璀璨的文化景观。

08　张良功成身退

张良小传：张良字子房，今河南人。汉初被封为留侯，谥号文成。张良本是韩国人，后韩被秦国所灭，于是谋划刺杀秦始皇，失败后隐居在下邳。后跟随汉高祖刘邦平定天下，是刘邦麾下重要的谋臣，与萧何、韩信被刘邦誉为“人杰”，人称“汉初三杰”。

张良（约前250～前186年）字子房，河南颍川城父（今河南省宝丰县）人。张良的祖先是战国时期的韩国人，曾经五代做韩国的相，所以他对韩国感情非常深厚。后来，韩国被秦国消灭，张良因而非常仇视秦国，一心要为韩国报仇。他散尽家财，寻找到一个大力士，并打造了一个大铁锤，以此刺杀秦始皇。但是大铁锤并没有砸中秦始皇，而是误中副车。刺杀失败后，张良隐姓埋名隐居在下邳（今江苏睢宁西北）一带。

有一天，张良悠闲地在下邳的一座桥上散步。这时有一个穿着粗布衣裳的老人来到他的身旁，却故意把鞋扔到了桥下，然后对张良说："小伙子，下去把鞋给我捡上来!"张良大为吃惊，也很恼火，本要痛打这个老人一顿，但又想到这个老人年纪大了，腿脚不便，于是勉强忍住怒火，下去把鞋捡了上来。没想到老人又说："把鞋给我穿上!"张良暗想："我既然都把鞋给他捡上来了，干脆好事做到底，索性给他穿上。"于是长跪下来，恭敬地把鞋给老人穿上了。老人从容地把脚伸出来穿上鞋，就微笑着离去了。张良惊讶极了，目送老人一步一步走远。老人走了大约有一里路左右，又走了回来，对张良说："孺子可教矣。五天以后天亮时，跟我在这里相会。"张良觉得这件事很奇怪，跪拜着答应了。

让张良没有想到的是，恰是这次奇遇改变了他的一生。五天以后，天刚刚破晓，张良便去赴约。等他到了桥上，才发现那个老人已经在那里等他了。老人生气地说："年轻人跟老年人约会，反而后到，这是为什么呢?"于是取消这次约会，并且说："五天以后早早来这里与我会面!"五天后鸡一叫，张良就去赴约，结果老人又坐在那里等他，还很生气地说："你又来晚了，这是为什么呢?五天后再早点儿来。"五天后，这次张良吸取了教训，不到半夜就去了。过了一会儿，老人才来到桥上，看到张良先到了，就高兴地说："这样才对嘛。"老人拿出一部书给了张良，对他说："读了这部书，你就能成为帝王的老师了。十年后你就会发迹，十三年后你到济北去见我，谷城山下的黄石就是我。"

说完老人便离开了。天亮后，张良看了老人送给他的书，居然是《太公兵法》。张良觉得这部书非比寻常，便认真地学习书中的内容，因而学业大进，其后终于成为一代谋略大师。

后来，张良参加了农民起义军。在征战中，张良遇到了刘邦，两个人相谈甚欢，都颇有相见恨晚之感。从此，张良成为刘邦麾下的一位谋士。他屡献妙计，屡建奇功，最终帮助刘邦一统天下，建立了西汉王朝，建都西安。汉高祖六年，刘邦准备封赏功臣。张良不曾有过战功，但刘邦却说："出谋划策在营帐之中，决定胜负于千里之外，这就是子房的功劳。张良可自愿从齐国选择三万户作为封邑。"张良拜谢之后，却主动削减自己的封赏，他对高祖说："起初我在下邳起事，与陛下您相遇在留地，这是上天把我交给陛下。陛下能够采用我的计谋，幸而经常生效，我只愿受封留地就足够了。同时，我也不敢承受三万户，一万户就足够了。"于是刘邦封张良为留侯。

张良跟随汉高祖刘邦西进入关，辅助治理天下。但是张良体弱多病，于是便修炼起道引之术，不食五谷，闭门不出有一年之多。后来，张良跟随汉高祖刘邦一起出征代国，在马邑城下献上妙计，并劝皇上立萧何为相国。张良说道："我家世代为韩相，韩国灭亡后，不惜散尽万金家财，替韩国向强秦报仇，天下为此震动。如今我凭借三寸之舌为陛下出谋划策，封邑万户，位居列侯，这对一个平民来说是至高无上的荣耀，我已经非常满足了。因此我愿丢下人世间的事情，追随赤松子去云游四海。"于是，张良便学习辟谷之术，行道引轻身之道。后来，汉高祖刘邦驾崩，汉惠帝即位，吕后掌权。吕后感激张良对太子的帮助，便竭力劝他进食，说："人生在世，时光有如白驹过隙一样迅速，何必自己苦自己到这种地步啊!"张良不得已，勉强听命进食。

公元前186年，张良病逝，谥号文成。张良明于进退，淡泊名利，得以善终。司马迁在《史记》卷五十五《留侯世家》为张良设立传记，对其事迹进行了记载。《老子》第九章云："金玉满堂，莫之能守。富贵而骄，自遗其咎。功成、名遂、身退，天之道。"意思是说，金玉满堂了，功成名就了，就要遵循上天的指示"身退"——去隐居，否则就会"自遗其咎"。张良做到了"身退"，所以能够安度晚年。而和张良相比，同为西汉开国功臣的"汉初三杰"中的韩信、萧何却没有那么幸运了。韩信虽军事才干卓著，但功高震主，又不懂谦退之道，"富贵而骄"，终被杀害。萧何也贪恋权位名利，多次被刘邦猜忌而不知急流勇退，最后"自遗其咎"，郁郁而终，结局也十分悲惨。

09　王生助友脱祸

王生小传：王生是西汉文景时人，具体名字不详。他是一个著名的学者，对黄老之学颇有研究；他还是一个著名的隐士，淡泊名利，坚守不仕。他和廷尉张释之是好朋友，并在张释之处境困窘时予以指点，帮其成功脱困，还以系袜带为由趁机提高其声望。

王生是西汉文帝、景帝①时期人，具体名字、籍贯不详。他擅长道家黄老之学，很有学问。西汉之前，秦朝消灭六国，一统华夏，改变了

① 汉文帝刘恒，前180年~前157年在位；汉景帝刘启，前157年~前141年在位。

春秋、战国长达五百年之久的诸侯割据分裂局面，成为中国历史上第一个大一统的王朝。然而相对于短暂的秦朝而言，西汉才是真正意义上奠定了大一统专制制度发展基础的朝代。在大一统的政治环境下，没有了自由选择的空间，所以很多人都不愿意出仕。他们宁愿隐居起来，清高自许，明哲保身。这里提到的王生就是这样一个人。他性格恬静，不喜欢功名利禄，更厌烦官场上的尔虞我诈，故而一直隐居，没有出仕任职。

王生有一个很好的朋友，就是南阳的张释之①。两人经常在一起谈天论地，相互之间非常了解。张释之喜欢在官场上磨炼自己，接触不同的人，希望自己可以建功立业，发挥自己的才干，而且当时张释之已经是公车令，掌宫殿中司马门的警卫和接待工作。与张释之不同，王生不喜官场上的阿谀奉承，一直不愿意出仕，他喜欢在青山绿水之间徜徉，不喜欢受人约束。虽然志向不同，但不妨碍两人成为朋友。他们就像先秦时期的庄子和惠子一样，尽管一个是道家人物，是典型的隐士，一个是名家的代表，热衷名利，但却是一对好朋友，在一起无话不谈，甚至相互论辩、诘难。

有一天，太子刘启与梁王刘揖同乘一辆车上朝议事。马车路过司马门时不但没有停下，太子和梁王更没有下车，而是扬鞭驱车，径直往里面闯，这事被张释之发现。依照汉朝法律规定，所有文臣武将到司马门都要下车下马，以示对皇权的敬畏，否则便是大罪。张释之从卫士那里了解到是太子和梁王的车马后，就急忙追过去，将马车拦下。没想到太

① 张释之字季，生卒年不详。西汉堵阳（今河南省南阳市方城）人，西汉法学家，官至廷尉。

子和梁王不但不认错，反而斥责张释之。但张释之毫不退让，义正词严地说："你们为什么敢于违背朝廷的法令而在司马门不下车？难道你们可以不遵守朝廷的法令吗？"太子和梁王无言以对，只好悻悻地下车。但是张释之并未就此罢手，而是尽快地写了一道奏章上呈汉文帝，弹劾太子和梁王在司马门事件中的大不敬之罪。汉文帝之母薄太后知道此事后，询问汉文帝，并有责备之意，汉文帝赶紧谢罪。经过此事，汉文帝认为张释之为人耿直，办事认真，于是升他做中大夫，不久又升他为中郎将。张释之跟随汉文帝视察霸陵，汉文帝想到自己死后，担心有人盗窃自己的陵墓。张释之便劝谏文帝薄葬，这样既能节俭财用，又不会引起人们的贪婪之心。汉文帝认为他说得很对，所以后来就公开主张薄葬。不久，汉文帝又升张释之作廷尉，这是当时全国最高的司法官。

公元前157年，汉文帝驾崩，太子刘启即位，是为汉景帝。汉景帝即位之后，张释之内心有些顾虑，于是假托生病，不敢上朝。他想要辞职离去，又担心遭到汉景帝严厉的惩罚；想要当面向汉景帝谢罪，但是又不知道怎么办才好。情急之下，张释之只好去找王生，他知道也只有王生才能够帮助他。王生了解情况以后，经过深思熟虑，认为躲避不是办法，最后建议张释之面见汉景帝谢罪。正如王生所料，汉景帝并没有责怪他。不过，王生还是计划用自己的方式来帮助张释之。

一天，张释之和王公大臣在一起聚会，王生在场。这时候，王生脚上所穿袜子的带子松开了。于是，王生便对张释之说："我的袜带松脱了，请你给我系好袜带！"张释之听后，毫不犹豫地长跪下来，认真地帮王生系好袜带。事后，有人问王生道："你为什么要当众羞辱张廷尉呢？竟然让他跪着给你系袜带？"王生回答说："我已年龄老迈，又地位卑下，料想自己最终不能对张廷尉有什么好处。现在张廷尉是天下的名臣，我偏偏故意当众羞辱张廷尉，让他长跪下来系结袜带，正是想用这种办法提高他的名望。”各位王公大臣们听了王生的话以后，恍然大悟，纷纷称赞王生的贤名，而且更加敬重张廷尉。

王生虽然曾和不少王公大臣非常熟悉，但始终没有凭借这些关系出仕。他一心钻研学问，对黄老之学颇有心得。王生虽隐居不仕，但是贤名远播，人们既敬佩他学问渊博，向他请教，同时又赞美他淡泊名利的品格。《史记》卷一百二《张释之冯唐列传》记载了王生的故事，《高士传》卷中也对他有详细记叙，可参考。

10　东方朔避世金马门

东方朔小传：东方朔是西汉人，著名的辞赋家，有《答客难》《非有先生论》等文学作品传世。有次他喝醉酒后，宣称自己“避世于朝廷间”，即是避世退隐在中央朝廷的隐士，后人称之为“朝隐”。“朝隐”概念的提出，是对传统隐逸文化的继承和发展。

东方朔（前154~前93年）字曼倩，西汉平原郡厌次县（今山东省德州市）人，是汉武帝时期著名的辞赋家。汉武帝即位之后，征召四方贤能之人入朝为官，东方朔便上书自荐，被拜为郎官，后来曾任常侍郎、太中大夫等职。东方朔性格诙谐，机敏多智，经常在汉武帝前谈笑取乐，并能够根据实际情况，直言讽谏。但是汉武帝并未看重他的政治才能，仅把当作一个俳优，故始终没能重用他。这让东方朔深有怀才不遇之感，故创作了《答客难》等作品，以抒发其愤激不平之情。

东方朔年轻时就非常喜欢古代典籍，爱好儒家经世致用思想，曾广泛地阅览了诸子百家之书，故学识渊博，才华横溢。他希望自己能够遇到贤明的君主，被委以重任，施展才华，为国家做贡献。公元前140年，刘彻即位，是为汉武帝。汉武帝少年登基，胸怀大志，建功立业之心甚强。他努力改变汉初以来无为而治的政治局面，下旨求贤，征召天下贤良方正和有文学才能的士人。东方朔闻知消息，便应召而来，毛遂自荐。他刚到长安时，到公车府那里上书给汉武帝，共用了三千片木简，需要两个人才能抬得动，汉武帝则用了整整两个月才看完。

东方朔在木简上面写道："臣东方朔从小就失去了父母，由哥哥嫂子养大成人。十三岁开始读书，三年便学会了文书和记事。十五岁学习击剑，十六岁学习《诗经》《尚书》，背诵了二十二万字。十九岁学习孙、吴兵法，有关作战阵形的论说、打仗时队伍前进后退的节制等内容，也背诵了二十二万字。总之，我背诵了四十四万字。我佩服子路，经常以他的豪言壮语来激励自己。我今年二十二岁，身高九尺三寸，眼睛像挂着的珍珠那样明亮，牙齿如同编成串的贝壳整齐洁白，勇猛像孟贲，敏捷如庆忌，廉洁似鲍叔，守信同尾生。像我这样的人才，可以做天子的大臣了。臣东方朔冒死再拜向皇上禀奏。"汉武帝读后，认为东方朔气概不凡，才干优异，让他待诏公车署。

其后，东方朔始终不被重用。汉武帝对他似乎视若不见，既不提拔，也不放他外任，只是把他留在自己身边，朝夕相见。后来，汉武帝任命东方朔为侍郎，他便经常在皇上身边侍奉，每次叫他到跟前谈话，汉武帝也从未有过不高兴。武帝还时常下诏赐他御前用饭，饭后，东方朔便把剩下的肉全都揣在怀里带走，把衣服都弄脏了。因此，皇帝身边的侍臣多称他为"疯子"。汉武帝知道后，说："假如东方朔为官处事没有做出这些荒唐行为，你们怎么能比得上他呢?”东方朔还保举他的儿子做侍郎，又做侍谒者，常常奉命出使。

一天，东方朔从大殿中经过。有郎官们对他说：“人们都认为先生是一位狂人。”东方朔回答道：“像我东方朔这样的人，就是所谓的避世退隐在朝廷里的人。古时候的隐士，都与我不同，他们是隐居在深山里的。”他时常坐在酒席中，喝酒喝得畅快时，就用手按在地上，大声唱道：“陆沈于俗，避世金马门①。宫殿中可以避世全身，何必深山之中，蒿庐之下?”意思是说，隐居在世俗中，避世在金马门。朝廷的宫殿里可以隐居起来，保全自身，何必隐居在深山之中、草屋里面？在这里，东方朔宣传自己是隐居在朝廷中的隐士，试图调和仕宦与隐居两条不同的人生道路，这与传统隐居在民间山林、远离政治的隐士有很大不同。

东方朔虽然经常留在皇帝身边，但是汉武帝只把他当作俳优看待。东方朔壮志难酬，深感怀才不遇，又百思不得其解，就故意以滑稽风趣的语言讥评朝政，甚至不惜触犯汉武帝。汉武帝个性刚强，御下甚严，但对东方朔却偏偏能网开一面，对他的讥刺常常一笑置之。这一对君臣就在这种奇妙的关系中，相处了十几年。其间，东方朔以自己独特的方式帮助汉武帝清除了乱政的后宫势力，打击了企图分裂的诸侯，策划商定下交好西域的方针，改变了和亲的政策，并做出抵御匈奴的重大国策。汉武帝把东方朔当作取之不尽的智囊，把他的二十万言书作为医国秘方，但对他仍是不提升、不重用，用其策而不用其人，这使东方朔陷入痛苦和快意的矛盾之中。他深知，汉武帝每一次胜利都有他的心血在

① 西汉·司马迁《史记》卷一百二十六《滑稽列传》载：金马门者，宦者署门也，门傍有铜马，故谓之曰“金马门”。本传记载了东方朔的事迹。

内，然而他只能隐于幕后，无法走到前台，充分展示自己。东方朔曾在铲平窦氏中立下功劳，被封太中大夫，但却没有实权。东方朔索性以滑稽面世，嬉笑怒骂，皆成文章，与庞然大物的权臣一争是非，与高高在上的皇帝也要开开玩笑。想不到这样一来，汉武帝也索性将他列入弄臣行列，把他当作点缀升平、娱乐放松的工具。对此，东方朔是笑在脸上，却苦在心里。

后来，随着国家军事实力的逐渐强盛，与匈奴对战中的辉煌业绩，汉武帝开始自我膨胀起来，他更加穷兵黩武，不恤民力，准备要彻底扫平匈奴，扩疆辟土。战争是一把双刃剑，既能展示国力，保家卫国，同时也耗费大量财力物力人力，给人民带来巨大的痛苦和沉重的负担。此时，东方朔的劝谏已成逆耳之言，汉武帝再也听不进去了。对此，东方朔进行了深刻地反省，他认为正是自己年轻时“千古一帝”的理想与汉武帝吻合，才会言听计从，而后来，自己较为成熟的思考已与汉武帝的治国思想有所偏离，所以才不被汉武帝所接受了。而目前天下百姓所遭受到的深重苦难，也应该有自己的一份责任！这让自认为“朝隐”的东方朔，感到深深的无奈与无助。于是，他常常以自污的方式宣泄自己的不满，如醉酒、狂言、在宫殿中小便等。

11 挚峻守节不移

挚峻小传：挚峻字伯陵，是汉武帝时期的隐士。他隐居在岍山，和司马迁是好朋友。司马迁出任郎中后，曾写信劝告挚峻出仕。挚峻回信拒绝，并委婉告诫司马迁，称官场险恶，伴君如伴虎，应急流勇退。

挚峻字伯陵，具体生卒年不详，大约与司马迁同时，西汉京兆长安人。京兆，古指国都所在地，这里是指西汉京都长安的行政区划名，其所管辖的范围相当于今陕西西安及其附近所属地区。故今天看来，挚峻就是陕西西安人。

挚峻是西汉武帝时期一个非常有名的隐士，也是东汉名士挚恂的十二世祖。俗话说，“三岁看老”。对挚峻而言，这句话是很有道理的。挚峻从小便和其他孩子不同，他好像不会玩耍一样：同龄的孩子们嬉笑打闹，追逐玩乐，他基本上都不参与，而是经常一个人躲在僻静处读书习字，默默用功。所以挚峻小时候就读过许多书，如《尚书》《左传》《国语》《世本》等。受到书中人物节操品德的影响，挚峻小小年龄便颇有傲气，骨气清高，而且才华横溢，见识超卓。

挚峻和司马迁是好朋友。司马迁（前 145 年 ~ ?）字子长，夏阳龙门（今陕西韩城）人，西汉伟大的史学家、文学家。因创作《史记》一书，被后人尊为“史圣”，对中国传统史学做出了突出贡献。挚峻和司马迁才学相当，经常在一起饮酒谈天。挚峻是一个超脱世俗的人，不愿意出仕，也不愿看到官场的贪赃污秽，希望能够保持自身的清白独立。于是，他就退居隐逸于岍①山，也就是我们今天所说的岳山，在陕西陇县西南。岳山风光秀丽，环境清幽，是一个修身养性的好地方。挚峻生活于此，日出而作，日入而息，不问世事，潜心探究学问。

挚峻的好朋友司马迁因为父亲司马谈官至汉太史令，所以谋得郎中的官职。司马迁做官以后，想起自己的好朋友挚峻，觉得他一身才华，

① 岍：qiān。

隐居起来实在可惜。而且当时朝廷正值用人之际，于是司马迁便想把挚峻推荐给朝廷，这样既可以使朋友的才华得到充分的施展，也希望他借此可以为国出力，建功立业。于是，司马迁便派人前去寻找挚峻，传达让他做官的意思。

此时的挚峻正在岍山过着不受约束的、自由自在的生活。他白天开荒躬耕，晚上诵读诗文，日子充实而快乐、清贫而从容。当司马迁派来的使者来到挚峻隐居的所在，看到一个穿着粗布衣裳的人正在菜园里锄草，累得汗流浃背，也顾不上休息，不由得惊呆了。使者心想，郎中怎么会想到让这么一个人去朝廷做官？于是，使者向前说明了他的来意，但挚峻并不理会他，而是继续做自己的事情。这让使者心生怨气，他想能被郎中推荐做官是多少人求之不得的好事，而面前这个人却如此不知好歹。他等了许久，不见挚峻有反应，只好悻悻地返回，如实地向司马迁汇报。使者本以为司马迁会大怒，没想到司马迁听完以后，却哈哈大笑，见使者迷惑不解，司马迁笑着解释说："这才是我认识的挚峻，他还是那个脾气。也罢，我写一封信，再麻烦你跑一趟。"于是司马迁郑重其事地写了一封信，交给那个使者。这个使者此时的态度已有所转变，因为他知道能让司马迁如此不厌其烦推荐的人绝非常人，便恭恭敬敬地把信送给挚峻。

挚峻打开信，只见上面写道："我听说君子所看重的道有三等，最上等的是树立崇高的品德，次一等的是开创一家之言，再次一等的是建立功勋。我认为伯陵你才能品德出类拔萃，志向高远，但因为高尚其志而不出仕。你遗世独立，独善其身，像冰块、玉石一样清莹洁白，没有因为小节而有损自己的美名，本来已经难能可贵了。然而，这还是没有完全达到立德、立言、立功的境界，我希望先生您能对此稍微留意一二。”挚峻看完之后，回信给司马迁道：“我听说，古代的君子都是依据自己的才华而行事，度量自己的品德而处世，所以才能明哲保身，让灾祸远离自己，从而保全生命。利益是不可以凭空接受的，名誉也不是随便可以得到的。自从大汉王朝建立并逐渐兴盛以来，帝王之道已经开始彰显。有才能的人看到利益，终能身居高位；平庸者自我摒弃，也是顺应时世、正得其时啊！《周易》上说过：‘君王颁发奖赏的命令，有的被封为新开小国的诸侯，有的被封为可承家继业的大夫，小人则不可以重用。’我恰是不能被重用的小人，希望自己能够过着怡然自得的生活，没有过多的束缚，来安度我的余生。”

司马迁认真看完挚峻的回信，感慨万千。他知道，以自己对挚峻的了解，他是肯定不愿意出仕的，这是他一贯坚守的原则。同时，司马迁心里也明白，挚峻在回信里除了拒绝出仕以外，其实更多的是在警告自己：官场复杂，伴君如伴虎，随时可能遇到意外。甚至还有劝告自己弃官不做，随其归隐之深意。但其时司马迁正满怀建功立业之雄心壮志，对挚峻的警告并没有当回事。

后来，司马谈去世，司马迁继任太史令，全面开始了《史记》的编纂工作。天汉二年（公元前 101 年），李陵出征匈奴，战败投降。消息传到长安，汉武帝勃然大怒。朝廷的文武百官，也都大骂李陵投降可耻。司马迁则默不作声，这时汉武帝问他有什么意见，司马迁直言不讳地说：“李陵转战千里，所杀的敌人已经远远超过自己军队的人数，后来矢尽道穷，才败给匈奴，即使古代名将也不过如此。李陵虽投降，尚属情有可原。臣以为只要他不死，他还是会效忠汉朝的。”盛怒中的汉武帝听了司马迁这番话，认为他是为李陵辩解，更是在故意贬低当时正在攻打匈奴而又很不顺利的李广利，于是命令把司马迁判为死罪。

在汉武帝时代，判了死罪的可以出钱五十万减死一等。但家境并不富裕的司马迁拿不出这一笔钱，而他的《史记》还没有完成，他也不愿意就此去死，所以只能接受“腐刑”（宫刑），忍辱偷生。遭受宫刑之后的司马迁，竟然被汉武帝升为中书令，而中书令恰恰是宦官才能担任的官职。此时的司马迁，男人不是男人，宦官不是宦官，士大夫不是士大夫，处境异常尴尬！这时，司马迁突然想起了挚峻曾经给他的警告，他才惊觉，挚峻竟能未卜先知，是如此高明的一个人！

挚峻一直隐居在岍山，终身未仕，最后终老于此。挚峻去世后，当地人民为了纪念这位品节清高的隐士、学问渊博的长者，在岍山为他建立祠堂，号曰“岍山居士”，世世代代祭祀不绝。东汉赵岐《三辅决录》卷一、西晋皇甫谧《高士传》卷下，都对挚峻的生平事迹做了记录，并进行了高度的赞颂。

12　严光游学长安

严光小传：严光是西汉末东汉初人，著名的隐士。他曾和汉光武帝刘秀一起在长安游学，并结为忘年交。在刘秀起事中，他曾给予过积极帮助。东汉建立后，严光隐居不仕。他曾被刘秀邀请到朝廷盘桓，但仍然拒绝做官。后返回故乡，垂钓躬耕以至终老。

严光（前39～41年）字子陵，又名严遵，会稽余姚（今浙江省余姚市）人。原姓庄，因避东汉明帝刘庄①讳而改姓严。严光早有清高之名，后曾与刘秀②一起在长安太学游学。③ 两人年龄虽相差了三十多岁，但在一起无话不谈，非常投机，并结为忘年交。后来，刘秀为反抗王莽新王朝的暴虐统治，积极筹备起兵活动，得到了严光的支持和帮助。公元25年，刘秀登基称帝，建立东汉王朝。又经过几年的征战，逐渐建立起较为统一稳固的统治秩序。此时，闻知刘秀登基的严光早已改换了姓名，隐居在齐国一带。

东汉初期，百业待兴，百废待举，急需各种治国人才。刘秀作为东汉的开国皇帝，也是一个求贤若渴、宽容大度的国君。这时候，刘秀想起了严光。想到当年和严光一起在太学读书，想到严光知识渊博、见解独到，想到严光曾帮助自己起兵，于是再也按捺不住要和严光相见的念头。于是刘秀传诏各地，寻找严光，但却没有得到关于严光的任何消息。万般无奈之下，刘秀只好让画工描绘出严光的画像，张贴在全国各地，悬赏找到或提供线索之人。后来齐国有人上书说："有一位男子，时常披着羊皮衣服，在湖水边钓鱼。他的相貌和画像上的男子很接近，可能就是陛下要找的人。"刘秀觉得那就是严光，便准备了坚固安稳的马车和许多币帛等礼物，派人前去请他。使者诚心诚意地往返三次邀请，才把严光请到京城来。

时任司徒的侯霸与严光也是老相识，但是他对严光颇有戒备之心。侯霸派西曹属官侯子道送信给严光，想请严光来自己的宅邸相见。但是

---

① 东汉明帝刘庄：58年~75年在位。

② 东汉光武帝刘秀：生于公元前6年，25年~57年在位，东汉开国皇帝。

③ 据《后汉书·光武帝纪上》记载，在新王莽天凤年间（14年~19年），刘秀曾到长安太学游学，专攻《尚书》。

严光早就明白侯子道的来意，根本就没有起床，而是坐在床上随意地伸开两腿，打开书信随便看了一眼，问侯子道说："侯霸向来痴呆，现在做到三公之位，难道就没有好一点吗？"侯子道回答说："侯公地位已到人臣顶点，并不痴呆啊。"严光问："那么他派你来有何事？"侯子道："请您到司徒府一叙。"严光说："你还说他不痴，这不是痴话吗？天子征召我，往返三次我才过来。人主尚且没见，难道先去会见人臣吗？"侯子道觉得自己回去无法交差，请求严光回一封信，严光说自己久不动笔，早就不会写字了。于是严光口授，由侯子道书写。严光说："君房先生：官位做到三公，很好。如果怀仁辅义，天下人都高兴；如果阿谀逢迎，可要身首异处了。"侯子道嫌内容太少，希望严光多说几句。严光笑道："难道是在大街上买菜吗？买了以后还要再饶上一些。"

侯霸看到严光的回信，很不高兴，于是就把回信上奏给刘秀，希望皇帝能治严光的罪。谁知刘秀看完信，笑着说："这狂妄的家伙还是老样子，一点都没有改变啊！"于是，刘秀当天就亲自来到严光的住处来见他。而严光却装睡不起，刘秀走到床前，摸着严光的腹部说："子陵啊，难道你就真的不能帮着我治理天下吗？"但严光还是睡着不讲话，过了好一会儿，才睁开眼睛，慢吞吞地说："即使像唐尧那样有着显著品德的圣明君主，也会允许巢父、许由坚持自己不做官的意愿。士人们都有自己不同的志向，何必要强迫于我呢？"刘秀说："子陵啊，难道我竟然不能使你做出让步吗？"于是便坐上车，叹息着离开了。

后来，刘秀又请严光到宫里去。两人时而谈起以前的趣事，时而谈论当下的局势，时而谈经论道，时而推杯换盏，不知不觉，过去了好几天。天晚了，两人便同榻而眠。有一天晚上，严光睡着了，却把脚压在刘秀的肚子上。刘秀不敢把严光的脚推开，就这样压了整整一晚。以至于第二天一大早，太史官就来向刘秀奏告说：“微臣昨夜观察天象，发现有客星冲犯了帝座。”刘秀听了，一笑置之，他说：“这没有什么，不过是我的老朋友严子陵与我睡在一起罢了。”其后，刘秀任命严光为谏议大夫，严光拒不上任。最终，刘秀也没有办法让严光做出让步，只好放他离开了。

严光离开洛阳，来到老家浙江游历。后到富春山，见山下有一大河，水流清澈，两岸岭峦对峙，树木葱郁。河东岸有一石洞面南向阳，正可容身，于是就在此隐居下来。从此，严光垂钓躬耕，自得其乐。建武十七年（公元41年），刘秀再次下旨征召严光，严光仍然没有赴任。同年，严光寿终去世，享年八十岁。因为严光隐于富春山，葬于富春山，后人遂称富春山为“严陵山”，又称其富春江垂钓处为“严陵濑”，其垂钓蹲坐之石为“严子陵钓台”。严光其人其事对后代影响很大，很多诗文作品都对严光进行描写歌颂。南朝宋范晔《后汉书》卷八十三《逸民列传》、西晋皇甫谧《高士传》等典籍，也对其事迹做了较为细致全面的记载。

13 周党长安求学

周党小传：周党字伯况，西汉末东汉初期人。他从小父母双亡，千金家资被人侵占。他长大后索回财产，又分给同族贫苦人家。周党曾到长安游学，守节不仕于王莽新朝。东汉建立后，曾作议郎，不久托病辞官。后拒绝朝廷征召，得到汉光武帝刘秀的奖赏。

在今天渑池县北七八公里的坡头乡境内，有一个叫“不召寨”的地方。乍一听，这名字有点奇怪，但只要稍动一下脑筋，就能想到这里面一定会有故事。果然，“不召寨”得名正是因为汉代一位叫周党的隐士拒绝朝廷的征召，并隐居于此而得名的。

周党字伯况，是西汉末年东汉初期的太原广武（今山西省代县）人。周党出生在一个富豪之家，家资千金，奴仆成群。但是天有不测风云，人有旦夕祸福。在他很小的时候，父母就相继去世，他因此不幸成了一名孤儿。由于没有任何依靠，周党被他的一位宗亲抚养，但此人并不好好地照顾养育他，并且其万贯家产也被该宗亲所占有。周党成年后，该宗亲仍然不归还其家产。为了讨回家产，周党几次商讨不果，最后只好向地方官府提起诉讼。幸运的是，周党打赢了这场官司。胜诉后，他将讨回的家产重新分散给族内贫困人家，并遣散了家里的仆人和丫环等，只身前往长安游学。长安是西汉的都城，也是当时的政治、经济和文化中心，聚集了来自全国各地的名宿硕儒。

周党在长安求学期间，转益多师，博览群书，发愤图强，从来不敢有一些殆懈。他读了很多的史书和散文，尤其对《春秋》致力最多。功夫不负有心人，经过日积月累的学习，周党最终成为一名大家公认的博学多才、德高望重的名士。公元9年，王莽篡汉，建立新朝，这造成了社会动荡。周党对此十分不满，于是他声称自己身体不好，把自己关在家里，不出门也不理会任何人。王莽统治后期，天下大乱，盗贼四起。很多地方的州县皆遭盗贼烧杀抢掠，民众惨遭荼毒。而周党家乡广武县却安然无恙，那是因为盗贼们也都仰慕周党的名声，知道广武是周党的家乡，所以都不去广武袭扰，即使经过广武也秋毫无犯。

公元25年，汉光武帝刘秀即位，史称东汉。东汉建立后，百业待兴，朝廷正值用人之际，于是汉光武帝刘秀便下诏广纳天下名士，以期扩大自己的实力。光武帝得知周党知识渊博，德行高贵，有治国的才能，便征召他为议郎。但是周党虽才学渊博，却对当官没有兴趣，并且非常讨厌官场上的尔虞我诈、钩心斗角。他最大的心愿便是远离朝堂是非之地，徜徉于山水之间，流连于诗文之际。所以出任议郎不久，他便称病要求辞官。获准后，周党就携妻隐居在渑池县回溪之畔（今坡头乡）的一孔窑洞里，以读书躬耕度日，闲暇时就在附近散步，或与周围乡邻聊聊家常，倒也逍遥自在。

过了几年，汉光武帝刘秀又征召周党。使臣带着重礼前来拜见，但周党不为所动。据说，周党见使臣时，故意身穿粗布短衣，头上缠着树皮做成的巾帕，完全是一副山野村夫的打扮，希望以此回绝朝廷的征召。最后，在使臣的一再劝说下，他被迫无奈前往洛阳。在皇帝面前，他也仅仅是屈身伏在地上，并不行使君臣之礼，而且还一再表示自己不愿做官的决心，汉光武帝刘秀只好接受了他的请求。当时，朝中博士官范升曾上书汉光武帝，建议以“大不敬”罪惩处周党等隐士。范升奏书说：“我听说尧帝无须借助许由、巢父，而能称王于天下；周武王无须借助伯夷、叔齐，而能成就王道。而太原周党、东海王良、山阳王成等人，蒙受陛下的大恩，派出去的使者往返三次，他们才肯前来。等到拜见陛下，周党却不按照朝廷的礼节跪拜，而仅仅屈身伏在地上，骄悍无礼之极。周党等人文不能安邦，武不能定国，沽名钓誉，名位几乎与三公等同。我情愿与他们一起坐在云台之上，比试治国之道。如果输给他们，我情愿认罪伏法。如果他们华而不实，徒有虚名，应该以大不敬治罪。”

但汉光武帝刘秀深明大义，为人宽厚，并没有采纳范升奏书的意见，而是下诏说："自古明王圣主，必有不宾之士。伯夷、叔齐不食周粟，太原周党不受朕禄，亦各有志焉。赐帛四十匹。"光武帝的意思是说，人各有志，何必勉强？所以不但没有治罪，还奖赏给周党四十匹帛，鼓励他去隐居。从此以后，周党就安心隐居在渑池，直至终老。范晔《后汉书》卷八十三《逸民列传》中，有周党的传记，可以参考。

对于汉光武帝刘秀的这道诏书，张立伟所做的分析非常到位。他说："光武不同意范升要坐周党罪，并出了自己那个针锋相对的诏书，这个姿态传达出来的信息是，政府的权力不是无边的，政府的权力不得干涉'不宾之臣'的不合作。以天子之尊用诏书广示百官，对隐逸既不应指责又不得干涉，故我说，这个诏书标志着一项逆向行使的人权的确立——即不合作被确定为权利，被国家正式承认为'可以'，为'合法'。"① 总之，汉光武帝刘秀关于隐逸的这道诏书，明确体现出了朝廷以法令条文的形式，规定了隐士隐居的合法性。这为后代官员们辞官归隐，提供了习惯法的保障。

14 梁鸿、孟光举案齐眉

梁鸿小传：梁鸿是今陕西咸阳人，生活在东汉初期。他曾在太学学习，学成后返回乡里，娶同县丑女孟光为妻，共入霸陵山中隐居。后经过洛阳，看到民众生活艰辛，作《五噫歌》诗，被朝廷搜捕。于是改

① 张立伟. 归去来兮：隐逸的文化透视［M］. 北京：生活·读书·新知三联书店 1995：93.

名换姓，与妻子先后隐居在齐鲁和吴地。

梁鸿字伯鸾，扶风平陵（今陕西省咸阳市）人。具体生卒年不详，主要生活在东汉初期。梁鸿出生于官宦之家，父亲梁让在王莽新朝政权建立后，曾担任城门校尉，寓居在北地，并死在那里。其时天下大乱，梁鸿举目无亲，只得用一张破席草草地埋葬了父亲。

为了能自力更生，梁鸿离开自己的家乡，到当时的京师长安谋生和求学。他到达长安后，无依无靠，生活非常艰难。幸运的是，昔日他父亲的几位朋友向他伸出了援助之手，既给他解决了衣食困难，还通过关系将他送入了当时全国的最高学府——太学学习。在太学读书的学生，几乎全是贵族官僚和富家子弟，个个穿戴阔绰，生活奢侈，唯有梁鸿衣着破旧，还常为衣食温饱发愁。这样，不免经常会招来那些纨绔子弟的嘲笑和欺凌。这给梁鸿的心灵造成了极大的创伤，再加之家道中落让他深感世态炎凉，在看透了荣华富贵的虚幻性之后，他便萌发了逃避尘世的念头。

梁鸿结束了在太学的学业后，就在长安郊区的皇家林苑——上林苑中牧猪为生。梁鸿早出晚归，放牧不辍。放牧之余，他夜夜都在昏暗的灯光下苦读。清贫的生活，本就使梁鸿吃尽了苦头，不料屋漏偏逢连夜雨。一天，梁鸿在家中边做饭边读书，读到入神处，疏忽了灶中的火种，引起了火灾。当火光热浪使他醒悟时，他的小屋已是烈焰冲天，无法抢救了。不仅如此，大火还蔓延到邻家。事后，梁鸿主动来到被火灾殃及的邻家，把自己喂养的那群小猪全部赔出。邻居一看梁鸿如此忠厚老实，贪心顿起，仍嫌赔偿不够。梁鸿说："如今我孑然一身，没有任何财产可以赔你了，我就免费给你家干活吧。"邻居答应了。梁鸿成为无偿佣工以后，将邻居家里里外外的活儿全部包揽，夙兴夜寐，勤勤勉勉，绝无怨言。村里的老人们见到梁鸿举动不似平常人，便责怪他邻居家主人，为他打抱不平。邻居也为梁鸿的宽厚忍让精神所感动，变得尊敬他，不仅不要梁鸿干活了，而且还把那群小猪全部退还给他。梁鸿坚决不肯收回，说："火灾是因为我的过失而起，已给你家造成损失，我理应赔偿，岂能收回?"梁鸿的做法赢得了时人的称赏，他的名声也渐渐传了出去。之后，他见在上林苑已无法安稳宁静地生活，便悄然回到了平陵老家。

梁鸿回到老家之后，躬耕自足，读书养性，完全像个普通的文人一样。尽管如此，天长日久，他的学问、人品还是显露了出来，尤其他无偿做佣工之事，得到了当地人的激赏。当地许多有权势的人家因仰慕他的高节，都想要把自己家的女儿许配给他，但都被梁鸿给拒绝了。同县中有一户姓孟的人家，虽不是高门大族，却也颇有钱财，算得上是富贵人家。孟家有一女儿，肤色黧黑，长相丑陋，丑女之名远近皆知，而且她偏偏又自视甚高，以致人到三十仍然待字闺中。父母问她不嫁的原因，她说："我想要找像梁伯鸾那样贤能的人。"梁鸿听说这件事情之后，竟请人来下聘礼。孟家人喜出望外，满口答应，很快议定了嫁娶之期。

待到成婚之日，孟女头戴珠宝，身穿绢绸衣服，打扮得花枝招展。然而，婚后一连七日，梁鸿都对她不理不睬。第八天早上，孟家女来到梁鸿面前，恭恭敬敬地行过礼，然后对他说："我早闻夫君贤名，立誓非你莫嫁；夫君也曾拒绝了许多人家的提亲，最后选定我为妻。我深感荣幸！婚后，夫君对我不理不睬，视如无物，想必是我犯了重大过失。如此，请夫君治罪。"梁鸿听罢，对孟家女说："我想要一位穿着粗麻布的妻子，能够与我一起隐居到深山大泽之中。而现在你却穿着名贵的丝织品衣服，涂脂抹粉，这哪里是我心中所想要的妻子!”孟家女听了，不但不恼，反而欣然作喜，对梁鸿说：“我这些日子的穿着打扮，并不是我的初衷，只是想验证一下，你是否真是我理想中的贤士。其实我早就准备了隐居的服装与用品。”说完之后，便将头发卷起来，穿上麻布衣服，做起家务来。梁鸿见状，惊喜万分，笑对妻子说：“你是我梁鸿真正的妻子！可以侍奉我。”他怀着尊敬的心情，为妻子取名为孟光，字德曜，意思说她的仁德如同光芒般闪耀。

就这样，梁鸿夫妻互敬互爱，在家乡度过了一段平静的日子。不久，夫妻二人归隐霸陵山（今西安市东北）中，过起了与世隔绝的隐居生活。白天，男耕女织，辛勤劳作；夜晚，梁鸿或诵读经书，或赋诗作文，或弹琴自娱，生活逍遥自在。梁鸿因对前代的高人隐士充满了仰慕之情，所以便对自西汉初年的商山四皓以来的二十四位高士都创作了歌颂的文辞。

可惜好景不长。梁鸿因事东出潼关，取道京师洛阳，看着京城宫室富丽，满目繁华，想到老百姓生活的艰难，悲从中来，于是创作了一首诗《五噫之歌》：“陟彼北芒兮，噫！顾览帝京兮，噫！宫室崔嵬兮，噫！民之劬劳兮，噫！辽辽未央兮，噫!”“作者登上洛阳城东北的北芒山，回头俯瞰洛阳城，由于看到宫阙的豪华，便联想到人民所受到的深重苦难，因之字里行间便充满了对统治者穷奢极欲的谴责和对人民的同情，发出深深的感喟。”① 此时正是汉章帝②时期，号称盛世，梁鸿

---

① 霍松林. 代好诗诠评［M］. 北京：中国社会科学出版社，2000：8 ~9.

② 汉章帝刘炟，76 年 ~88 年在位。

这首带有讽刺意味的诗惹恼了皇帝，于是下令搜捕他。梁鸿只好改名换姓，改姓为运期，名为耀，字为侯光，携了妻子逃亡，在远离洛阳的齐鲁地区定居下来，继续过着他们的隐居生活。

过了几年，他们隐居的行踪又被世人发现，并最终传到了朝廷。虽然汉章帝已不再生气，但他并没有完全忘记这个曾经不与自己合作，且还攻击朝政的逸民。他向地方官吏传下圣旨，表示只要梁鸿愿意到朝中任职，以往的言行可以不予追究。但梁鸿不为高官厚禄所动，因此，当征召他入京的官吏正在寻找他时，他已偕妻子离开了齐鲁，南下到了吴地（今江苏无锡境内）。梁鸿一家住在当地大族皋伯通家住宅的廊下小屋中，靠为人舂米过活。皋伯通偶然一次看见孟光给梁鸿送饭，只见她恭恭敬敬地走到丈夫面前，低头不敢仰视，把装饭的盘子高举齐眉，请丈夫进食。皋伯通大吃一惊，心想：一个雇工能让他的妻子如此守礼，那此人一定是个隐逸的高人。他立即把梁鸿全家迁进他的家宅中居住，并供给他们衣食。于是梁鸿就利用这段衣食不愁的宝贵时光，潜心著述，成书十余篇。

在他致力于写作的过程中，不幸的事情发生了。长期颠沛流离的生活使他积劳成疾，卧病在床，临终前，梁鸿对皋伯通说："我听说前代的高士都是不择生死之地，随遇而安葬。我死之后，请您千万不要让我的孩子把我运回故乡去下葬。我既然死在吴地，就把我埋在吴地吧！"梁鸿死后，皋伯通等人将其安葬在春秋战国时期四大刺客之一的要离冢旁，并说："要离断臂刺庆忌，是一个壮烈之士；梁鸿终身不出仕，是一个清高之士。就让他们二人长相依傍吧！"安葬完梁鸿，孟光就带着孩子北上，返回老家，后不知所终。梁鸿与孟光夫妻的故事，东汉赵岐《三辅决录》卷一、南朝宋范晔《后汉书》卷八十三《逸民列传》、西晋皇甫谧《高士传》卷下等，均有记载。

15　韩康卖药口不二价

韩康小传：韩康字伯休，今陕西省西安市人，东汉后期著名隐士。他淡泊名利，不愿做官，在长安街市上卖药三十多年，因口不二价而家喻户晓。后隐居在霸陵山中修心养性，朝廷闻其名，欲请其出仕为官。他迫不得已答应后，在去京城的路上中途逃遁。

韩康字伯休，东汉时期京兆霸陵（今陕西省西安市）人。他非常有才学，但秉性淡泊，不慕荣利，一心就要做个避世的隐士。因此，他不仅不出去做官，而且还要逃避一切的名声与虚荣，甚至都不愿让人知道他的名字。为了做一个彻底的隐士，他经常流连于名山大川之中，在深山幽谷里采摘各种草药，然后拿到长安城的集市上去卖药，这一卖就是三十多年。而且他卖药有一个原则，那就是三十多年都口不二价。不管是任何人来买药，他一旦说出价格，从不允许别人讨价还价。就这样，他因为口不二价在长安有了很大的知名度，而他自己却浑然不觉。

有一天，一个女子来到韩康这里买药。韩康照例报出自己的药价，但这个女子和他讲起价来，希望能优惠点，而韩康却丝毫不让价，坚持自己的一贯原则。这让女子十分生气，便对他说："难道你是韩伯休吗？卖药坚持自己的要价，从来都口不二价？"韩康听后，内心十分沮丧，感叹道："我韩康几十年卖药为生，就是为了逃避名声。如今，连一个民间的普通女子都知道我的名字，那我还卖药做什么呢？"于是，韩康就不再卖药，而是跑到霸陵山中隐居起来。

韩康在霸陵山中修筑草庐，自耕自足，闲暇时弹琴读书，生活得自由自在。韩康虽然隐居起来，但是他的名声早已在长安街市上传播开来，大家都说他是个了不起的贤士。朝廷听说之后，一连几次派人去霸陵山中征召韩康，但都被他婉言回绝了。后来，这件事引起了汉桓帝刘志①的高度重视，于是便命令使臣准备了币帛仪物，驾着坚固安稳的车子去聘请韩康。

汉桓帝在位期间，联合宦官单超等五人一举歼灭了外戚梁氏，之后五人同日被封侯，被称为“五侯”。但五侯比外戚更加腐败，他们对百姓们勒索抢劫，民不聊生，到处怨声载道，国势逐渐衰弱。在桓帝统治后期，一批太学生看到朝政败坏，便要求朝廷整肃宦官、改革政治。宦官气急败坏，在延熹九年（公元 166 年）与德扬天下的司隶校尉李膺发生大规模冲突。于是，太学生二百余人为李膺请愿。汉桓帝大怒，下令逮捕这些请愿的太学生，后来在太傅陈蕃、将军窦武的反对下才释放了太学生，但是禁锢终身，不许再做官，这就是历史上有名的“党锢之祸”。三国时期的诸葛亮对此评论：“亲贤臣，远小人，此先汉所以兴隆也；亲小人，远贤臣，此后汉所以倾颓也。先帝在时，每与臣论此事，未尝不叹息痛恨于桓、灵也。”由此，我们也可以看到政治混乱、社会不公也是韩康这高节之士不愿意做官的重要原因。

当使者捧着圣旨来到山中草庐时，坚决邀请韩康应征。韩康无可奈何，只好假装答应出山。但是他坚决表示不乘坐朝廷的官车，而是要自己驾着一辆破牛车。第二天，天还未亮，他就先于朝廷的使者启程了。

① 汉桓帝刘志，东汉后期皇帝，147 年～167 年在位。

与此同时，朝中下令让各驿亭的亭长为朝廷命官韩征君修整道路和桥梁。当韩康驾着牛车到了一个驿亭时，正好赶上亭长在为此事而征召壮丁和牛马。亭长见韩康乘坐着破柴车，头发只是简单地用一条绢束起来，没有佩戴冠，以为他只是种田的老头儿，不召自来，便让手下抢夺他的牛。韩康不动声色，亦不反抗，反而立即卸下驾车的牛交给了他们。过了一会儿，征召韩康的使者的大车接踵而来。当亭长得知被夺了牛的老翁就是韩征君时，吓得面如土色。使者向韩康请示，想要将这件事呈报朝廷斩杀亭长，韩康淡然地说道："牛本就是我自己交给他的，亭长又有什么罪过呢?"就这样，使者才停止上报朝廷，亭长得以免受死罪。后来，韩康在进京途中乘隙逃跑，进入深山老林中继续隐居起来，直到寿终，终未出仕。

作为一个著名的隐士，韩康在古代有较大的影响。东汉赵岐《三辅决录》卷一、南朝宋范晔《后汉书》卷八十三《逸民列传》、西晋皇甫谧《高士传》卷下等，均对韩康事迹有过记载，可供参考。

16 矫慎隐遁山谷

矫慎小传：矫慎字仲彦，扶风茂陵人，东汉时期著名隐士，具体生卒年不详。他少年时期就仰慕赤松子、王子乔的导引之术，后隐遁山谷，终身不娶。与南郡太守马融、并州刺史苏章同时，且名声超过他们。吴苍曾写信给他欲观其志向，他亦不屑回答。

矫慎字仲彦，扶风茂陵（今陕西省兴平市东北）人，具体生卒年不详。矫慎是东汉时期著名的隐士，他才气逼人，志行高洁，不屑于功名富贵，而是醉心于道家之术，注重修身养性，一生都隐居在深山老林中，依靠着洞穴建造自己的房子。

矫慎与当时的南郡太守马融、并州刺史苏章是同时代人，并且是同乡。马融是东汉时期著名的经学家，学问渊博，其从祖为东汉名将兼开国功臣马援，他一生注书甚多，注有《孝经》《论语》《诗经》《周易》《三礼》《尚书》《列女传》《老子》《淮南子》《离骚》等书，今多散佚。马融才华出众，博学多识，而且善于言辞，闻名全国。苏章为人耿直，办事公平，在当时因为廉洁正直而受到人们的称赞。东汉实行察举制，它是中国古代选拔官吏的一种制度，汉武帝时期就开始确立。它不同于以前先秦时期的世袭制和从隋唐时建立的科举制，它主要是由地方长官在辖区内随时考察、选取人才并推荐给上级或中央，经过试用考核再任命官职。像马融和苏章这样优秀的人士，都不约而同地推举矫慎，且一致认为矫慎应该排在他们的前面。由此就能看出矫慎这个人不仅优秀，而且品格高尚，深得时人的认可。

矫慎在少年时期就十分仰慕赤松子、王子乔的导引之术，赤松子和王子乔都是上古时期的人物。传说赤松子是神农时期的雨师，因服用了水晶而成为神仙，能够入火不烧。王子乔本名姬晋，字子乔，是东周时周灵王的太子，人称太子晋。他天资聪颖，温良博学，不慕富贵，喜爱静坐吹笙，乐声优美如凤凰鸣唱。太子晋十五岁行冠礼后，以太子身份辅政。后因为反对灵王采取壅堵办法来治水，直谏灵王而引起了灵王的强烈不满，将其废黜为庶人。此后，太子晋闷闷不乐，忧郁成疾，未及三年而薨。太子晋为民请命而死，死时仅十七岁。百姓感其恩德，就将旧日王子称作王姓。到了汉朝，道教兴起，王子乔的命运便发生了神奇的变化。他的事迹被收罗到《列仙传》之中，结局却改变了：王子乔被废黜后，内心郁闷，游于伊水、洛水之间，遇到了仙人浮丘生，将他接上嵩山修炼，一去便是三十年。三十年的勤修苦练，他终成正果。在道家看来，人要长生不老，要么像赤松子一样服用水晶等长生不老药，要么像王子乔一样采取导引、食气等方法进行修炼。只有像他们一样远离尘嚣，离群索居，汲阴阳之和，食天地之精，吐故纳新，乘云游雾，才是涵养天性之道。所以矫慎作为一个彻底的隐士，又恰逢道教之风大肆盛行，对赤松子、王子乔等人非常仰慕，也渴望自己可以得道成仙。

当时，汝南有一个名叫吴苍的人，十分看重矫慎，于是就给矫慎写了一封信，希望通过他的回信来观看他的志向。吴苍信中这样写道："仲彦足下：听说黄老的思想言论虚幻缥缈，迷离神冥，让人隐藏幽静，远离红尘浊世。同时也有治国安民之道，能够应用到现实政治之中。至于让人隐遁高山之中，绝迹尘世之外，即使是神灵也没有办法证明其存在，世人更无法看到其事迹。我打算追随先生体验其生活，您原意吗？往昔伊尹并没有怀抱着道德来等待像尧、舜那样的明君，现在政治清明，四海升平无事，巢父、许由不会再去隐居到箕山，伯夷、叔齐也后悔去了首阳山。您如果确实能够乘龙驭凤，飞翔、嬉戏在云间，那也不是狐狸、兔子、燕子、麻雀这些小动物所敢谋求的。"矫慎对此信并没有回应，因为他不屑于理睬。

矫慎就这样一直隐居起来，直到七十多岁，仍然不肯结婚。有一天，他忽然回到家乡，自己说了将要死去的日期。果然，到了那一天矫慎离开了人世。后世有人说在敦煌见到了矫慎，故认为他的前世就是与众不同的，也有人说他是一个神仙。东汉赵岐《三辅决录》卷一、南朝宋范晔《后汉书》卷八十三《逸民列传》、西晋皇甫谧《高士传》

卷下等，都对矫慎的事迹有过记载。

17　挚恂清名显世

挚恂小传：挚恂字季直，东汉长安人，是西汉著名隐士挚峻的第十二代孙。他通晓儒家经典，尤其精研《礼记》《周易》，还博通诸子百家之说，且善写文章，辞藻清丽华美。他以儒术教授弟子，隐居南山而不愿做官，清名显于世上，为时人所称颂。

挚恂字季直，今陕西省西安市人，具体生卒年不详。他是东汉中后期有名的隐士，也是西汉时期高士挚峻的十二世孙。挚恂受到家族传统的影响，不慕名利，安贫自得，且通晓儒家典籍，尤其精研《礼记》《周易》，还博通诸子百家之说。他不仅学问渊博，而且善于写文章，文辞清美，论证严谨，为时人所重。挚恂性格温厚聪敏，虽学问渊博还虚心向学，不以下问为耻，所以当时的很多学者都很尊崇他。挚恂以儒术教授弟子，门徒众多，其中以扶风马融、沛国桓驎等人最为有名。

众所周知，马融是东汉时期著名的经学家、教育家，十分有才华，而且善于言辞，闻名全国。但是在当初，年轻的马融并没有想过要如何出人头地，而是一心一意跟从挚恂游学。不过马融最初跟挚恂求学时，自恃天资聪颖，悟性超群，在学习上总是浅尝辄止，沉不下心来。后来经过挚恂的教导，他一改以前浮华不实的毛病，努力奋发向上。于是，马融在周至芒谷黑龙潭畔，凿石筑屋，潜心向学，心无旁骛，发奋研读儒家经典和诸子百家之书。在挚恂的悉心指导之下，经过自己的勤奋努力，几年之后，马融终于学业大成。他很擅长撰写文章，才思敏捷，倚马可待。对于传统的经典著作，马融也能不囿陈说，颇有自己的心得和创见。作为老师的挚恂，也非常满意自己的这个学生，于是就做主把女儿嫁给了他。

挚恂颇有识人之明。如果说马融是一匹千里马，那么挚恂就是他的伯乐。而马融学业大成，成为大儒文魁之后，当世之人不但对马融钦佩，更对马融的老师挚恂赞赏有加。在东汉顺帝永和①年间，朝廷广求名儒，王公大臣纷纷举荐挚恂，说他的学问可以和孔子最得意的弟子颜回齐等，他的孝行可以和闵子骞相比，他的学问与董仲舒不相上下，他的文采也不亚于司马相如，他的才学有如贾谊，着实可以担当大任，应该为朝廷出力，辅助朝政，为国效力。于是顺帝听取大臣的建议，派公车去征召他，但是挚恂推辞不去。大将军窦武举荐挚恂为贤良，挚恂也不接受。挚恂常常仰慕自己先人挚峻的高洁，因此隐居在南山，读书授业，后以寿终。他拒绝朝廷征召、淡泊名利的行为受到了当时人们的赞赏，而且也对后代文人产生了深远的影响。

东汉赵岐《三辅决录》卷一、西晋皇甫谧《高士传》卷下、南朝宋范晔《后汉书》卷六十上《马融传》，均对挚恂生平事迹有过记载。此外，唐陆龟蒙《汉三高士传》也对他大加称扬道："挚先生恂，伯陵之孙。学通五经，居于渭滨。弟子累百，马融服勤。以子妻之，师而益亲。融为大儒，恂乃知人。和帝之世，公卿以闻。季直才器，宜当辅臣。公车就徵，礼备元纁。守道不至，终为逸民。"

---

① 汉顺帝刘保，126 年 ~ 144 年在位，永和是汉顺帝年号，指 136 年 ~ 141 年。

18 法真恬静寡欲

法真小传：法真字高卿，今陕西省眉县人，东汉末年著名的学者、隐士。法真虽然学识渊博，德高望重，有弟子数百人，号称关西“大儒”，但是他秉性淡泊，恬静寡欲，不求闻达，多次拒绝朝廷的征召，甘愿布衣终身，过着闲云野鹤般的生活。

法真（100～188年）字高卿，是扶风郿（今陕西省宝鸡市眉县东北）人。他是东汉末年南郡太守法雄之子，也是三国时期蜀汉集团中的谋士法正的祖父。他是东汉时期非常有名的儒学大师，对于儒家经典以及谶纬之学都有很高的造诣。他还是一个名士、隐士，在当时以品节清高、不慕荣利著称，人称“玄德先生”。

法真不但天资聪颖，且从小就非常好学，他勤于攻读，勇于钻研，踏实认真。所以法真在很小的时候就背诵了很多诗书，且才思敏捷，出口成章，获得了当地名流耆宿的一致赞扬，都认为他以后能成大器。长大成人后，为了更好地充实自己，使自己的知识学问更加全面，法真还兼收并蓄，转益多师，广泛学习各家各派学术思想。经过长期的学习磨炼，融会贯通，法真终于精通多种典籍，学业大成，成为关西①一代“大儒”，贤名远播。远近学子听闻法真的大名，纷纷前来投奔，争前恐后地向他求教。这在当时甚至形成了一种风尚，以能够接近法真为

① 指函谷关或潼关以西的地区。

荣，以能够拜在法真门下学习为荣。

法真从小就生活在陕西省眉县一个山清水秀、景色清幽的地方，这样的生活环境使得他自小就养成了淡泊、安静的性格，他清心寡欲，更重视精神生活的富有，而看轻甚至鄙视世俗的功名利禄。当时，他的几个师友以及众多跟他求学的士子都纷纷四处游历拜谒，努力求取功名富贵，但是法真却并未受到任何影响，他也从来没有对功名富贵产生过丝毫兴趣，过着布衣蔬食的生活。

当时，各地长官都在积极招纳贤才。扶风太守也希望可以招聘到一些有才华、有知识的士人效力，以增加自己的实力，扩大自己的影响。扶风太守对法真的大名早已有所耳闻，也一直想把法真请到太守府，让他在自己的麾下效命。但是太守也知道法真素来不喜欢别人打扰，而且平时表现得非常清高自傲，于是便预先派人去法真那里传达他的意思。这样来回几次，都没有成功。最后，扶风太守只好亲自前去邀请法真会面。迫于无奈，法真只能去拜见太守。会见太守时，法真头戴幅巾，神色不卑不亢，太守便引鲁哀公与孔子之事为喻，希望法真能够出任功曹之职。太守说："过去鲁哀公虽然并不是一个明君，但是孔子却愿意向他称臣，为其效力。今天，我虽然也浅薄不才，但还是希望您能够出仕功曹，好来光大赞助朝廷，不知您是否愿意?"法真却说："因为太守您以礼相待，所以我才把自己当成您的客人。如果您想要我出仕做官，那我就会隐居在北山之北、南山之南了。"太守听了法真的话，十分震惊，同时也心生敬佩，于是再也不敢提及要他做官的事了。由于法真德高望重，贤名远播，所以经常被朝廷征召，但他每次都不应召。

同郡的田羽见法真满腹才华，学问道德为世人所重，却没有出仕，不能为朝廷效力，很为他感到惋惜。于是，田羽便向汉顺帝①推荐法真说："现有隐士法真，精通《诗》《书》《礼》《乐》四业，学识穷尽典籍，学问精深通神。他性情恬淡，隐居在僻静之地，生活快乐而忘记忧愁，他将要追随老子的踪迹远遁，不肯屈从于朝廷的礼聘。微臣希望陛下能够封给他三公之位，这样，他一定能够为朝廷歌功颂德，并招来更多杰出的人才。"当时正好汉顺帝巡视西部，田羽就再次向皇帝举荐法真。汉顺帝是一个十分爱才的人，而且对法真的大名早就有所耳闻，所以也希望法真能够为其所用，曾前后四次下诏征召。

但是法真不为所动，依然坚守不仕。他说："我既然已经不能隐藏自己，远离人世，难道还要喝许由洗耳朵的脏水吗?②"于是他便深自藏匿，与外界隔绝，最终没有屈从权势富贵。法真的朋友郭正称赞他道："法真的名声能够听到，但他本人却难以见到。他逃离名声但名声紧紧跟随着他，他避开名声但名声紧紧追逐着他，因此他堪称是世世代代的师表了!"于是大家一起雕刻石碑颂扬他，称他"玄德先生"。法真于汉灵帝中平五年（公元188年）寿终而死，享年八十九岁。东汉赵岐《三辅决录》卷一、南朝宋范晔《后汉书》卷八十三《逸民列传》、西晋皇甫谧《高士传》卷下等典籍，都对法真生平事迹有过记载，可以参看。

---

① 汉顺帝刘保：东汉皇帝，126年~144年在位。

② 许由洗耳：西晋皇甫谧《高士传》卷上《许由传》载，尧让天下于许由，许由拒绝，"又召为九州长，由不欲闻之，洗耳于颍水滨。"

19　吉茂清廉自守

吉茂小传：吉茂字叔畅，三国时期魏国人。他是著名的藏书家，因为藏书太多而导致房间通风不畅。他先是隐居起来潜心治学，后曾任县令、酂相、议郎等官。他为人正直无私，勤俭节约；为官清廉自守，颇有清名。魏明帝景初年间，吉茂因病去世。

吉茂字叔畅，三国时期冯翊郡池阳县（池阳县包括今陕西省泾阳县和三原县的部分地区，三原县古称池阳）人，地属曹魏，其家世世代代都是声望显赫的大族。吉茂是一个有名的藏书家，非常狂热地热爱书籍，所以他收集了大量的藏书。最后，以至于他的家中堆满了书籍，使得房间里面通风不畅，家里人都很有意见。但他从不为穿粗劣的衣服、吃粗陋的食物感到没面子，而是以没有学问、对哪怕一件事不知道而觉得羞耻。

建安①初年的时候，关中地区战乱平息，社会环境相对安宁。吉茂就与扶风（今陕西省宝鸡市）的苏则一同隐居在武功（属今陕西省咸阳市）南山，潜心于研究学问，这一隐居就是好几年时间。苏则少年时就以学问渊博、操行高尚闻名乡里，曾被推举为孝廉、茂才等，朝廷征召他做官，他都没有应召出仕。后来，苏则还是脱隐而出，走上了仕途，他政绩卓越，为人刚直。吉茂也被任命为临汾县令，为官期间他清

---

① 建安：东汉献帝刘协年号，指196年~220年。

廉自守，正直无私，下属官吏和老百姓都不忍心欺骗他。

建安二十二年，吉茂同族一个叫吉本的人，与少府耿纪、司直韦晃等发动反叛曹操的动乱，趁夜攻打在许都（今河南省许昌市）的丞相长史王必。他们焚烧大门，并射中王必的肩膀。最后，叛乱被王必和颍川典农中郎将严匡平定，吉本等人兵败被杀。吉茂因为此事受到连坐，被官府囚禁，不明所以的吉茂认为他自己之所以被官府所禁是因为他家的藏书中有违禁的谶纬之书和兵家图籍。他私自收藏这些书，没有按照规定上交给官府，所以他被关押后，便对周围的人说："我是因为收藏了违禁图书而被定罪的。"后来相国钟繇为他作证，认为吉茂和吉本虽是同族，但相互之间早已不用服丧，所以他才没有被定罪。其后，朝廷征召吉茂做武陵太守，他拒绝上任。

当初，吉茂的同母兄吉黄，官任长陵县令。当时官府禁止官吏擅自离职，而吉黄在听说司徒赵温去世之后，违背禁令而去奔丧。这件事被司隶钟繇知道后，将吉黄收押，后依律处死。当时，吉茂虽还是一介草民，但他的清名已经在京城附近地区传播开来。吉茂认为自己的兄长是因为追求仁义而被处死，所以他非常愤怒，以不肯哭泣来对朝廷表示抗议。在这一年的年末，钟繇推举吉茂做官，时人一致认为吉茂肯定会拒绝出仕。但令人没有想到的是，吉茂竟然立刻走马上任，丝毫没有推辞。因此，不少人认为吉茂是畏惧钟繇的权势，也有人认为吉茂并非平凡之人，而是一个出类拔萃的俊杰。后来，吉茂做了酂相，官拜议郎。

自从吉茂开始修行以来，从小到大，他冬天就穿着一件毛皮制成的御寒的衣服，夏天就穿着短小的粗麻布制成的衣裳，出行从来只靠自己徒步行走，吃的也是粗劣的食物，身旁没有仆人跟随。他家里一无所有，全家人都过着十分俭朴的生活。即便如此，他对别人送来的礼物却一概不肯接受。他从来不以这样的行为来博取高人的姿态，但是内心十分厌恶那些通过不正当手段而获取富贵的人。

曹魏时期，国家开始实施九品中正制，朝廷命各郡长官推举产生出一名中正官，并强调一定要让德才兼备的人来出任。与吉茂同郡的护羌校尉王琰，以前多次担任郡守，为官不够清廉。他的儿子王嘉担当县令期间也是一个圆滑世故的人，并不真正以国家利益为准。王嘉在做散骑郎的时候，被冯翊郡推荐为中正官。他说吉茂虽然出身世族大家，但却已经一代不如一代了，所以他给吉茂的评语是“德优能少”。吉茂对此非常生气，他说：“真是让人心痛，你们这类人道貌岸然，难道要让我仿效你们吗！”景初①年间，吉茂因病去世。据南朝宋裴松之注《三国志》卷二十三《魏书》二十三记载，《魏略》曾设立《清介传》，把吉茂列入其中，同时还引用了该传对吉茂的记录，可以参考。

20 杨伯丑卖卜京师

杨伯丑小传：杨伯丑天赋异禀，见解独到。他曾隐居在华山，被朝廷征召到京城大兴。他见到王公大臣从不行礼，隋文帝问话，竟然也不予回答。后来披头散发，假装疯癫。其后在京城街市上卖卦，他算卦非常灵验，为很多人解决了生活中的实际困难。

杨伯丑，冯翊武乡（今陕西省大荔县）人，生卒年不详。他喜好

① 景初是魏明帝曹睿的年号，指237年~239年。

研读《易经》，曾隐居在华山。隋文帝开皇①初年，朝廷访察隐居的贤人，听说杨伯丑懂得道术，就把他征聘到京城大兴（今陕西省西安市）。杨伯丑看见王公大臣们从不行礼，无论对谁都称“汝”（即第二人称“你”），人们因此不能了解他的深浅。隋文帝召见他，与他交谈，他也不予回答。就连隋文帝赏赐的衣服，他走到朝堂时也随手扔掉了。从此，杨伯丑索性便披头散发，假装疯癫。他在京城的街市上到处行走，满身污垢也从不洗澡。

当时有个叫张永乐的在京城卖卦，杨伯丑经常和他一起游玩。张永乐占卦有不能确定的，杨伯丑便替他分析卦象，探求深奥的道理，深入到细微之处。这使得张永乐感叹佩服，认为这不是自己能够相比的。后来，杨伯丑自己也开店卖卦。有人儿子丢了，到杨伯丑这儿来占卦。占卜完毕，杨伯丑说：“你的儿子在怀远坊南门东面，路北的墙壁旁边，有个穿青裙的女子抱着她，可以去领取。”那个人急匆匆按照他的话走到那里，果然看到一个穿青裙的女子，抱着他的孩子。

还有一次，有个人攒下几两金子，夫妻两个一起把金子藏起来。后来金子不见了，丈夫猜测妻子有二心，就要赶走她。他的妻子觉得很冤枉，找到杨伯丑，杨伯丑替她占卦说：“金子在啊。”把她的家人全部叫来，指着其中一个人说：“把金子拿来。”这个人很惭愧，应声去取回了金子。丈夫这才知道自己错怪了妻子，感到很懊悔。

又有一次，将军许知常来杨伯丑这儿问吉凶，杨伯丑说：“不要往东北去。实在不得已，应当尽速返回。不这样的话，杨素会砍掉你的头。”没多久，皇上就命令许知常侍奉汉王杨谅。不久隋文帝去世，杨

① 开皇是隋文帝杨坚的年号，指581年~600年。

谅起兵造反，许知常逃回京城。许知常先前和杨素有嫌隙，等到杨素平定并州，先寻求许知常，想要杀掉他，幸亏杨伯丑之前的提点，他才能得以免脱。

又有人丢失了马匹，来找杨伯丑占卦。当时杨伯丑被皇太子所征召，在路上遇见他，立刻替他占卦。卦成后，杨伯丑说："我来不及替您细细解说，您暂且去西市东壁门南第三个店，为我买鱼做细切鱼，应该能找到马。"那个人依照此话，一会儿就看见有一个人牵着他的马路过，就捉住了他。

崖州曾经贡献直径一寸的珠子，那个使者偷偷地换掉了它，皇上心里怀疑，找来杨伯丑让他占卦。杨伯丑说："有东西从水中来，形状圆颜色亮，是颗大珠。现在被人隐藏。"他还详细说出了隐藏人的姓名容貌。皇上依话责问使者，果然找到了原来的珠子。皇上认为这很奇特，赏赐杨伯丑二十匹绢帛。

国子祭酒何妥曾经到杨伯丑那里谈论《易》，听了何妥的话，杨伯丑忽然笑着说："为什么要用郑玄、王弼的言论呢?"过了很久，杨伯丑稍微进行了辩析回答，论述的义理同前辈儒士的要旨都不一样，但是情致深奥微妙。所以评论者认为杨伯丑是天生的秉赋，具有独到的见解，不是平常人能相比的。杨伯丑最终寿终正寝。《北史》卷八十九《杨伯丑传》详细记载了杨伯丑的生平事迹，可以参考。

21　王绩屡仕屡隐

王绩小传：王绩是隋唐时期的一位著名诗人，也是唐代律诗的奠基者之一，为唐诗的发展做出了重要贡献。王绩一生三次出仕，三次退隐，堪称屡仕屡隐的代表人物。他性情旷达，不喜人情往来，他嗜酒如命，且五斗不醉，故人称“斗酒学士”。

王绩（589～644 年）字无功，号东皋子，绛州龙门（今山西省河津市一带）人。他性格高傲放任，不喜欢拜揖之礼。其兄王通，是隋末唐初的大儒学家。王通收徒讲学于黄河、汾河之间，模仿古人创作了《王氏六经》，又著《中说》，以仿效《论语》。但是他的著作却得不到时人的认可，所以其书并不出名，只有《中说》能够传世。王通知道王绩放任不羁，就不以家事委托他。乡里族人中的婚丧喜庆、男儿冠礼等，王绩也都不参加。不喜迎来送往的王绩，与李播、吕才是好友。

在隋朝大业①年间，王绩被举荐为“孝悌廉洁”科，任命为秘书省正字。然而他不喜欢在朝中任职，要求出京作扬州六合县丞。他在作县丞时，喜欢饮酒而不理政事。这时正值隋末，天下乱象已现，同时他又遭到弹劾，于是王绩就趁机弃官而去。他叹息说：“天罗地网已经布下，我又能到哪里安身呢?”在故乡，王绩有十六顷田产在河中小洲上。仲长子光也是一位隐士，没有妻儿，在北边小洲上盖房居住，已有三十年了，不是自己劳动所获就不吃。王绩爱他性情真率，就搬过去与他做邻居。仲长子光患有哑疾，两人从未交谈，但相对饮酒十分欢洽。王绩有奴婢数人，种黍，春秋两季自己酿酒，饲养野鸭大雁，栽种药草自用。王绩把《周易》《老子》《庄子》放置床头，其他的书很少去读。他想见兄弟时，就过河回家。他曾游览过北山东皋，因此，著书时自己

① 大业是隋炀帝杨广的年号，指 605 年～618 年。

署名为东皋子。他骑牛经过酒店时，有时一留就是几天。

唐高祖武德①初年，因为王绩以前做过官，就在门下省待诏。按照惯例，朝廷每天给官员发酒三升。有人问："待诏有什么乐趣呢?"王绩回答说："美酒值得留恋!"侍中陈叔达得知此话，就每天发给他一斗酒，时人称之为"斗酒学士"。贞观②初年，王绩因病罢官，后又调吏部待命。此时太乐署史焦革家善于酿酒，王绩便要求担任太乐丞。吏部以非所长而不允许，王绩坚持要求说："这里有深刻寓意。"吏部终于任命他担任太乐丞。不久焦革死去，其妻不断地给王绩送酒；一年多后，焦革之妻又死。王绩感叹说："真的是天意不让我尽情享受美酒吗?"于是弃官而去。从此，太乐丞成为清高体面的职位。

辞官之后，王绩追述焦革酿酒之法为酒经，又采集杜康、仪狄以来善酿酒者的方法为酒谱。李淳风说："您可真是酒家的忠实史官啊。"王绩居处的东南面有一大块坚硬的石头，他就在上面建造了杜康祠祭祀，并尊杜康为师，以焦革陪享受祭。他还创作了《酒乡记》，作为刘伶《酒德颂》的续篇。王绩喝酒可以五斗不醉，有人备酒邀他的，不论其人贵贱都去，曾写《五斗先生传》以自喻。刺史崔喜欣赏他的为人，请他相见，他却回答说："怎能坐在那儿召见像严君平那样的高人雅士呢?"最后还是未去相见。杜之松是王绩的老朋友，他任刺史时，邀请王绩去讲解礼，王绩回答说："我不能到地方官那里行烦琐的礼节，谈无用的糟粕，丢掉醇厚的美酒。"其后，杜之松逢年过节都送给他酒肉。当初，其兄王凝担任隋朝著作郎，撰写《隋书》未成而死。

---

① 武德是唐高祖李渊的年号，指618年~626年。

② 贞观是唐太宗李世民年号，指627年~649年。

王绩接着撰写，也没写成。他预先知道自己的死期，嘱家人节俭治丧，自己给自己撰写了墓志铭。

王绩做官，因醉失职，家乡人嘲笑他，他就假托“无心子”的故事来表白自己的志趣。他说：“无心子住在越国，越王不知道他是德行高洁的人，强迫他做官，他并不显得高兴。越国的法规是：‘有丑行的人不予录用。’不久，无心子就以有丑行而传闻，越王罢黜了他，他也无怨怒之色。退而归于茫茫的山野，经过动城时去见机士，机士摸着大腿说：‘咦！你是一个有德有才的人，怎么会因罪而被免职呢？’无心子不答应。机士说：‘希望得到指教。’无心子说：‘您听说过蜚廉氏的马吗？一匹是红鬃白毛，有龙的骨骼、凤的仪态，奔驰起来像舞蹈，整天被役使而热死；另一匹则是大头翘尾，颈似驼、膝如貉，踢咬尥蹶子，被丢弃在野外，全年都长得肥壮。凤不厌恶在山中栖息，龙不羞于在泥淖中盘曲，君子不能仅为求洁而遭祸患，不以躲避污秽来保持纯洁。’”这就是王绩用来为人处世的态度。

王绩是隋唐时期著名的诗人，律诗的奠基者之一，为唐诗的发展做出了重要贡献。王绩现存诗歌四十多首，多为山水田园诗，充满了隐逸情调。诗风朴素自然，淡雅闲适，意境浑厚。《旧唐书》与《新唐书》均设立了《隐逸列传》，其中都有王绩的传记，对其生平事迹予以记载，可供参考。

22　武攸绪隐居避祸

武攸绪小传：武攸绪是武则天的侄子，吸取了其父从政的教训，不愿陷入朝廷的政治斗争中去。他秉性恬淡，不乐仕进，所以长期隐居在嵩山生活。他既不接受朝廷的任命，也不接受朝廷和官员们的馈赠，后在武氏遭到诛杀时，得以保全。

武攸绪（655～723年）并州文水（今山西省文水县东）人，武则天兄长武惟良的儿子。他从小不乐仕进，秉性恬淡寡欲，喜欢阅读《周易》和庄子的书。年轻时曾变更姓名，在长安街市上卖卜算卦。但是他算卦挣的钱都随手丢弃了，由此可知，他其实并不缺钱。

后来，武攸绪被授予太子通事舍人，并累迁扬州大都督府长史、鸿胪少卿。武则天以皇后之尊称帝后，武攸绪被封为安平郡王。后在跟从武则天册封中岳嵩山时，武攸绪坚决表示要辞去官职，愿意过隐居生活。武则天怀疑他这样做有诈，于是就先允许他隐居，然后暗中观察他的言行举止，希望从中找出他辞官隐居的真相。

武攸绪在嵩山脚下建造起自己居住的房子，过着自得其乐的隐居生活，就像早就遁世的隐士们一样。武则天派武攸绪的哥哥武攸宜来劝告他，希望他能出来做官，被他坚决拒绝。武则天知道后，这才为他的所作所为感到惊异。武攸绪经常往来于龙门、少室山之间，冬天住在用茅草做顶、椒泥涂壁的房屋里避寒，夏天住在山洞之中避暑。朝廷赐给他的金锅银碗、平民衣服，以及王公大臣所馈赠给他的鹿裘、白蚊帐、杯盘等，都堆放在一旁，上面落满了灰尘，他也从来不用。武攸绪还在颍阳买了田地，让家奴在其中劳作生产，自己则混迹于平民百姓之中。到了晚年，武攸绪形容消瘦，眼瞳中散发着紫光，白天都能看见天空中的星星。

唐中宗①初年，朝廷降武攸绪为巢国公，并派国子司业杜慎盈带着诏书，使用安车来召见他，请他太子宾客。武攸绪不愿出仕，苦苦祈求朝廷允许他返回嵩山，在他的请求下，皇帝下诏书准许了他的要求。不久安乐公主出嫁，朝廷又派遣通事舍人李邈带着玺书迎接武攸绪。武攸绪将要到来的时候，皇帝命令礼官在两仪殿给他设置座位，并按照帝王问道的礼节，让武攸绪身穿隐士衣服参见，不用称呼自己的姓名，也不用行跪拜的礼仪。但是武攸绪到达之后，却更换上觐见皇帝的礼服，恭恭敬敬地按照朝廷的规矩跪拜之后才退下，唐中宗以及文武大臣都对他的所作所为感到愕然。其后，皇帝赏赐的财物，武攸绪都辞让不受。宗室权贵前来拜谒，他除了与他们嘘寒问暖之外，不多说一句话。等武攸绪要还山隐居的时候，朝廷里的各类官员，如中书、门下、学士以及朝官五品以上的，都在长安城东为他送行。

不久，唐中宗驾崩，韦后因宫廷斗争失败，族人遭到诛杀，武则天的族人也受到牵连，只有武攸绪得到保全。唐睿宗李旦（公元 710 ~ 712 年在位）即位后，害怕武攸绪内心不安，于是下诏安慰，任命他为太子宾客，但武攸绪没有听召赴任。谯王李重福等人因不满唐睿宗继位，在东都洛阳发动叛乱，武攸绪因被人诬陷而获捕。张说把他安置在庐山，中书令姚元崇这样上奏朝廷："武攸绪在武后统治的时候并没有出来做官，现在地方州县官员逼迫着他现身，各方人士都为之感到惊诧感叹。祈愿皇上下诏恩赐他回到嵩山旧居，命令州县给予慰问。"皇帝采纳了姚元崇的建议，武攸绪便回到嵩山继续过着隐居的生活。开元十一年（723 年），武攸绪去世，享年 69 岁。《新唐书》卷一百九十六

① 唐中宗李显，705 ~ 710 年在位。

《隐逸传》有传，可以参考。

23　孟浩然太学赋诗

孟浩然小传：孟浩然是盛唐时期山水田园派诗人的代表人物，为唐诗的发展做出了重大贡献。他小时很讲义气，喜欢助人排忧解难，成年后隐居鹿门山。后到长安应试落第，但诗才名动京城，连唐玄宗都闻知其名。但由于种种原因，孟浩然终身未仕。

孟浩然（689～740年）字浩然，湖北襄州襄阳人。他出身于书香门第，自幼苦学，把写诗作为自己的人生乐趣和人生追求。孟浩然年轻时很讲义气，喜欢帮助别人排忧解难。在四十岁之前，孟浩然隐居在鹿门山，以诗自适。其间，他也曾漫游天下。往南，游历过长江、湘江一带；向北，去过幽州；也曾游历过洛阳，并在洛阳居住过一段时间，还游览过越中。

到了四十岁，孟浩然才来到京师长安参加科举考试。在长安，孟浩然结识了王维、张九龄等著名诗人，开始在长安诗坛展露才华。有一次，众多诗人名家在太学赋诗，孟浩然以“微云淡河汉，疏雨滴梧桐”（《省试骐骥长鸣》）一联震惊众人，在座之人无不叹服，没人敢与之抗衡，他也因此而名动京师。

孟浩然虽诗才甚高，但在进士考试中却不幸落第，故而闷闷不乐。好友王维知道后，便私下邀请孟浩然到翰林院谈心，希望能为他解除忧愁。两人正谈得投机时，突然听到外面高喊：“陛下驾到！”原来是唐玄宗亲自来翰林院巡查。慌乱之中，孟浩然不知所措，竟然害怕得躲到了床底下。王维不敢隐瞒皇帝，据实奏闻说孟浩然之事，唐玄宗高兴地说："我只听说这个人，但从没见过，为什么要害怕得躲起来呢？"于是请孟浩然出来。孟浩然出来后，唐玄宗询问他近日的诗作。孟浩然再拜，诵读了一些自己所做的诗，当念到"不才明主弃，多病故人疏"时，唐玄宗便打断他，生气地说："是你自己不来求官，我并没有抛弃你，你为什么要诬陷我呢？"于是，唐玄宗便让他回家了。

后来，采访使韩朝宗约孟浩然一同去京师，想推荐他入朝为官。恰好在约定的这天，孟浩然的一个老朋友来了。于是，孟浩然就设宴招待朋友，他们推杯换盏，猜拳划令，不知不觉便到了酒意微醺的状态，正所谓"酒逢知己千杯少"。这时，有人提醒孟浩然，说："您与韩公还有约会，可别错过了。"孟浩然叱责说："既然已经开始喝酒，哪里还管别的什么约定。"终于没去赴约。韩朝宗没见到孟浩然，相当生气地告别而去，但是孟浩然却丝毫不悔。后张九龄管理荆州时，曾召他到幕府任职。其后幕府撤销，孟浩然也随之离开。在唐玄宗开元①末年，孟浩然背生毒疮而死。

后来樊泽来襄阳任节度使，当时孟浩然的坟墓已经败坏不堪，符载就写信给樊泽说："已故处士孟浩然，其文章人品都超越流俗。但是由于他谢世已久，其家族门人也日渐衰落，以至于他的坟墓十分荒芜，湮没在田野之中。大家都怀念他的道德文章，即使行路之人也会感慨万千。上一任节度使本来打算为他改筑一座大墓，消息传出，全州缙绅都闻风而动。而今外有军旅之迫，内有宾客之劳，拖延了许多时日，一直

① 开元是唐玄宗李隆基年号，指 713 ~ 741 年。

不得空闲。假使有好事者有机可乘，反而辜负了樊公您的夙志。”樊泽收到信后，便在凤林山南重新为孟浩然刻碑，培土建成一座大墓，并且隆重地加以祭奠。

当初，王维经过郢州，曾经在刺史亭画了孟浩然的画像，所以改其亭名为浩然亭。咸通①年间，刺史郑诚认为贤者的名字不可随便指称，于是又改名为孟亭。在开元、天宝间，与孟浩然一同知名的诗人王昌龄、崔颢等，官位都不显赫。孟浩然更是终身布衣，从未进入过官场。在唐代大诗人李白的心目中，孟浩然是一个洒脱自在、淡泊名利的大隐士。其《赠孟浩然》诗云：“吾爱孟夫子，风流天下闻。红颜弃轩冕，白首卧松云。醉月频中圣，迷花不事君。高山安可仰，徒此揖清芬。”《新唐书》卷二百三《文艺传》下有孟浩然的传记，记载了其生平事迹，可供参考。

24 王维号称“隐吏”

王维小传：王维被尊称“诗佛”，与“诗仙”李白、“诗圣”杜甫在盛唐诗坛鼎足而立。他是山水田园诗派的代表人物，为唐诗的发展做出过重大贡献。他深受佛禅文化影响，诗歌颇有禅理；还受到隐逸文化的影响，自称“隐吏”，晚年过着亦官亦隐的生活。

王维（701～761 年）字摩诘，祖籍山西太原祁（今山西省祁县）

---

① 咸通是唐懿宗李漼年号，指 860～874 年。

人，后迁家于蒲（今山西省永济市）。九岁的时候就知道如何运用文辞，创作文章诗词。十五岁起，王维到长安游学数年，并于唐玄宗开元九年（721 年）擢进士第，释褐太乐丞。后因事获罪，贬济州司仓参军。此后他开始了亦官亦隐的生涯，曾先后隐居淇上、嵩山和终南山，并在终南山筑辋川别业以隐居。张九龄执政的时候，他又被提拔为右拾遗。在这期间，王维还做过监察御史。他的母亲去世后，王维几次痛彻心扉，生不如死，万分怀念他的母亲。服孝期过后，他又转任给事中。或许因为深受佛学思想影响，王维与他的弟弟王缙都乐善好施，而且十分重视孝道，敬爱父母，他们还尤其注重朋友间的深厚友谊。

安史之乱爆发后，兵锋直逼唐都长安，唐玄宗仓皇逃往蜀地。王维逃跑不及，被叛军抓住，并被用药迫害，使他的嗓子发不出声音。安禄山以前就知道王维的才华和能力，于是把他转移到洛阳，强迫王维接受伪职，替叛军做事。安禄山在凝碧池设豪华宴席，召集所有的梨园诸工一起奏乐表演，在场所有的艺人都无不感到悲伤，潸然泪下。王维听后悲伤得最厉害，便赋诗来表达心中的无限悲痛。叛军被剿平后，王维等人因为曾替叛军做事，都被投到监狱。由于王维当时诗才名动天下，且其弟王缙地位已经十分显赫，他请求降低自己的官职来为王维赎罪。唐肃宗也很爱惜王维的才华，赦免王维。不久，朝廷让王维官复原职，后逐步升迁，最后官至尚书右丞。

王缙担任蜀州刺史还没有还朝的时候，王维自己表示说："我有五方面不足，而王缙有五个方面的长处，我自己在省府任职，而王缙在远方供职，我愿意把所担任的官职归还给朝廷，回到田野乡下，使王缙能够回到京师做官。"朝廷经过商议讨论，认可了他的想法。不久，朝廷便召回王缙担任左散骑常侍。王维是上元初年去世的，终年六十一岁。

在他生病很严重的时候，王缙正在凤翔做官，于是他留下书信与弟弟告别，另外还有给其他亲戚朋友的书信字画数幅，把这些交代完不久他就去世了。死后朝廷追授他为秘书监。

王维多才多艺，在所染指的艺术门类中，都有较高的成就。王维是书法名家，擅长草书、隶书。他还是著名的画家，以“破墨”山水见长，被推为“南宗”山水画的开山祖师。他还是音乐家，在音乐上造诣极高。有个人曾展示一幅《按乐图》的残页，但是没有标明其中内容，王维仔细观察之后，对他说：“这是《霓裳》第三叠最初所作的。”这个人却并不相信，于是召集乐工按照这幅图表演这首曲子，果然如王维所说，这个人这才相信了王维的话。作为诗人，在中国诗歌史上，王维被尊为“诗佛”，他与“诗仙”李白、“诗圣”杜甫在盛唐诗坛鼎足而立，得到了人们的普遍接受和喜爱。据说，在唐玄宗开元、天宝年间，当时一些豪门贵族都希望跟王维结交相识成为朋友，宁王、薛王把他当作师友一样对待。

王维的兄弟们都很虔诚地信奉佛教，不食荤菜荤饭，也不穿艳丽的衣服。他们的别墅在辋川，那里奇山异水，风景独特，有华子冈、欹湖、竹里馆、柳浪、茱萸沜、辛夷坞等。王维与几个志同道合的好友游览其中，相互赋诗相酬为乐。王维的妻子先他而去，此后他再未续娶，一个人孤独地居住了三十年。他的母亲亡故后，王维把辋川这个居所改建为寺庙，死后葬在辋川的西侧。

王维在《酬贺四赠葛巾之作》诗中写道：“野巾传惠好，兹贶重兼金。嘉此幽栖物，能齐隐吏心。早朝方暂挂，晚沐复来簪。坐觉嚣尘远，思君共入林。”这里，他提出了“隐吏”的概念，隐就是隐士，吏就是官吏，其实是试图调和归隐与出仕这两条本来截然不同的人生道路。晚年的王维，亦官亦隐，自甘清净，践行了他的想法。《旧唐书》卷一百九十下《文苑传》、《新唐书》卷二百二《文艺传》中，均为王维设立了传记，可以参看。

25　李泌仕隐两自得

李泌小传：李泌是唐代中期长安人，学者、谋臣、政治家。历仕玄宗、肃宗、代宗、德宗四朝，在政治上、军事上都颇有建树。他还是一个隐士，在官场与山林之间进退自如。李泌多次被排挤，又多次返回朝廷政治中心，晚年更出任宰相，被封为侯爵。

李泌（722～789年）字长源，唐代中期京兆（今陕西省西安市）人。幼年时便已粗通黄老道家思想，七岁时候写的文章就已相当出色了，被誉为远近闻名的神童。出生和成长在唐玄宗统治中最为开明时期的李泌，在青少年时就已经受到玄宗与名相张说、张九龄的欣赏和关爱了。

有一次，时为唐朝宰相的张九龄正准备提拔一位个性比较软弱，且比较听话，才能又很一般的官员。李泌当时跟在张九龄的身边，他虽然年少，却相当直率地劝阻张九龄道："大人您自己也是出身于平民阶层，在处理国家大事、任用官员上，素来就有刚直不阿、大公无私的美誉，难道您竟然喜欢才能平庸且性格软弱、不能坚持节操的人才吗?"张九龄听了李泌的话，非常吃惊，但他知错能改，立刻郑重其事地认错道歉，并且改口称呼李泌为小友。

李泌不但从小机智聪颖，而且勤奋好学，对传统的经史、诸子之书等都认真阅读、细心体会。因此成年之后，李泌学问渊博，见解超群。尤其对于《周易》学说，李泌更是进行过深入研究，颇有心得。此外，他还经常漫游祖国的名山大川，多次游览嵩山、华山、终南山等，希望能够求得长生不老的神仙之道。传说在这个时候，李泌已经对道家神仙方术的修炼很有成就了，平时吃饭都很少吃烟火食物。

据史书记载，李泌曾经多次退隐，又多次出仕。第一次退隐就发生在唐玄宗天宝年间。当时隐居在嵩山的李泌曾上书朝廷，议论时事政局，得到了唐玄宗的重视，让他待诏翰林院，辅导、陪同太子读书。李泌的才华遭到了杨贵妃之兄杨国忠的嫉恨，怕他得志后危及自身，于是向唐玄宗进谗言，诬告泌曾写作《感遇诗》讥讽朝政。唐玄宗不辨是非，把李泌赶出朝廷，计划把他安置在今湖北省蕲春县。李泌索性乘机脱离官府，跑到嵩山隐居起来。

李泌第二次退隐大约在唐肃宗（757～761 年）统治时期。安史之乱爆发后，唐肃宗在动荡之际即位于灵武，但是身边却没有可信赖的能臣干吏。这时李泌就从嵩山脱隐而出，前来辅佐唐肃宗，为平叛出谋划策。他虽然没有被任命正式职位，但是权力却很大。因为唐肃宗大事小情都与他商量，对他几乎是言听计从。甚至睡觉时，他们都卧榻对卧榻；出行时，唐肃宗都要李泌坐皇帝专车。但是也正是这种与皇上极为亲密的关系，招来了一些权臣的嫉妒与猜忌。不久两京收复，平叛大局已定，李泌不想陷入朝廷的争斗，于是便主动要求离开权力的中心，跑到衡山隐居修道。肃宗下诏，让李泌享受三品官俸禄，赏赐隐士服，并为他建造隐居的房舍。

李泌第三次隐居发生在唐代宗大历（766～779 年）年间。唐代宗刚即位以后不久，就马上派人把李泌从衡山召进京师，任命为翰林院大学士，并强迫他喝酒吃肉，还为他娶妻，可谓是皇恩浩荡。当时的宰相元载认为李泌不愿依附自己，乃是自己最大的政敌，把他留在朝廷对自己是一个潜在的巨大威胁。恰好此时，江西观察使魏少游奏请朝廷为他委派一些僚佐，于是元载就顺水推舟，盛赞李泌才华出众，可担当此任，最后，在重用人才的名义下元载把李泌赶出了中央朝廷。李泌只好到地方去任职，过着亦官亦隐的生活。元载被诛之后，李泌又被召回京师，却再一次受到权臣的排斥，又被排挤到地方为官。在唐德宗统治时期，时局危难，就又把李泌召到身边。后来，李泌还当上了宰相，被封为侯爵。

李泌多次被排挤出朝廷，又多次回到朝廷政治中心，并且一次比一次更受重视，这在中国历史上是非常罕见的。他屡落屡起的原因，应该主要是因为恰当的处世方法和豁达的心态。他每次被排挤出朝廷，都毫无怨言，这是他没有受到进一步迫害，以后能够东山再起的基本保证。此外，李泌能够在名利面前保持着一种谦让淡泊的态度，这是他处世精明的又一表现。对于李泌，宋代诗人徐钧写诗赞扬道："白衣山人再造唐，谋家议国虑深长。功成拂袖还归去，高节依稀汉子房。"既充分肯定了他政治军事上的功绩，又赞扬了他淡泊名利的高尚品德。《旧唐诗》卷一百三十、《新唐书》卷一百三十九均有《李泌传》，可供参阅。

26　寒山佛理自解

寒山小传：寒山是中国古代文化史上一位充满了神秘色彩的奇人，

同时也是一位著名的隐逸诗人。他是唐代长安人，姓名不详，只是因为长期隐居在浙江天台山的翠屏山，该山又称“寒岩”“寒山”，所以他自称为寒山或者寒山子。寒山与丰干、拾得是好友。

寒山（726？～830年？）是化名，真实名姓不详。他是唐代长安（今陕西省西安市）人，出生于官宦人家。由于家境的富足，青少年时期的寒山便过着优游无虑的生活。他聪慧过人，又好读诗书，骑射书数无所不能。在这样优越的家庭中生活，使他有接受良好教育的机会。因此，寒山自幼受到良好的、系统的儒家传统教育，年轻时有积极出仕、建功立业的远大志向，但是命运却和他开了个不大不小的玩笑。他三次科考虽终登第，但在“关试”中却因为相貌丑陋而被淘汰。仕途无望的寒山在此时还面临着家庭的困境，一系列的打击让他选择跟随逃离长安的队伍离开了长安。在这之后，寒山先后到过荆州和山东，也曾做过一段时间的官，但是官场的黑暗促使他最终选择放弃，寒山选择告别仕途，走上了归隐之路。

打算归隐的寒山对于归隐之地的选择也是再三考虑，最终决定隐居在以隐逸和佛道文化闻名于世的浙江天台山。大约在三十多岁的时候，寒山到达了天台山。此后，他把自己生命中三分之二的时间都交给了这里，最后归宿于天台西北部的翠屏山，该山又称“寒岩”“寒山”，所以他自称为寒山或者寒山子。在这里，寒山过着平淡而恬静的田园生活。隐逸在山野之中的村居生活，让寒山更深地体会到了道家无为的人生追求，清贫的生活虽然单调，但在精神上，寒山是满足的。道家的隐逸思想恰好可以抚慰寒山在政治上失意的落寞。

唐德宗贞元年间，寒山选择了道教以求长生，这是因为家人因贫病而相继离世。在晨曦中，寒山出发了。在浙江国清寺外的松门，寒山听到了隐约传来的晨诵声。走进寺门，可以看见三三两两的香客。可以想到，再过不久，国清寺院内又是香火旺盛的景象了。国清寺的清净让寒山感到了久违的心灵的享受和沉静，也是从这一年开始，寒山开始同国清寺中丰干、拾得相交游。他们三人性情相合，心中的喜怒哀乐都直接地表现出来，这让世人似乎难以理解，所以他们用疯癫来形容这种率真。

十年的修道并没有让寒山真正解脱，他的“长生梦”还没有实现。大约在德宗贞元十七年，寒山带着对修道的失望回到长安。沧海桑田一般的变化使得他似乎看透了一切，他不再以求长生为生存的目的。返回浙江后，在丰干禅师的引导下，寒山又开始信仰佛教，参悟“苦、空、无我”等佛禅思想。佛教教会了寒山如何摆脱世俗，超脱自我，获得人生的解脱，从而让他更好地感悟人生。

寒山还是一个优秀的诗人，为后人留下了三百多首诗歌。这些诗歌思想内容丰富，融合了儒家、道家、佛家三大哲学思想，生动地向世人展示了寒山由儒入道，由道入佛，由佛入禅的思想历程。

27 白居易自称“中隐士”

白居易小传：白居易是唐代著名的文学家，优秀的大诗人。早期以兼济天下为己任，不但积极进言献策，而且创作新乐府诗讽喻现实；晚期以独善其身为主，提出“中隐”概念，试图调和仕进与退隐这两条不同的人生道路，与王维的“隐吏”异曲同工。

白居易（772～846 年）字乐天，号香山居士，出生于新郑（今河南省郑州市）。原籍山西太原，在其曾祖时迁居到下邽（今陕西省渭南市）。唐德宗贞元十六年（公元 800 年），白居易进士及第。三年之后中书判拔萃科，被授予秘书省校书郎一职。其后，白居易应制举入等，被授予盩厔县尉。唐宪宗元和三年（公元 808 年）至五年时，白居易官至左拾遗、充翰林学士。

这时期的白居易，受儒家思想影响较大，他以极高的政治热情屡次上书言事，希望以尽言官之职责，并报答皇上的知遇之恩。他指陈时政，提出了很多富有建设性的意见，如免除租税、放出宫女、抑制宦官等。有时甚至在皇帝面前直言进谏，当面勇敢地指出皇帝错误，令皇帝难堪。同时，他还创作了大量的讽喻诗，如《秦中吟》《新乐府》等，笔锋所指，使得很多权贵重臣都为之色变。

唐宪宗元和十六年（公元 821 年），白居易任太子左赞善大夫。当年，宰相武元衡被刺杀而死，白居易知道后立刻上书朝廷，要求严惩凶手。也许是他的上书触怒了权贵，更是因为他以前的讽喻诗得罪了当权者，白居易被加上越职言事的罪名，贬为江州司马。这次被贬，对白居易内心的震动很大，是他一生思想的重要转折点。从被贬事件中，他充分认识到了朝堂政治斗争的险恶，于是决定从此急流勇退，独善其身，以避祸全身。

晚年的白居易笃信佛教思想，自号香山居士、醉吟先生，且多以“闲适”的生活态度实践自己独善其身的人生选择。据统计，在四卷本

《白居易集》中列为闲适诗的共有四卷，二百多首。在题目中以“闲”字开头的诗歌就有近四十首，还有虽非以“闲”字开头但诗题目中有“闲”字的数十首，正文中有“闲”字的诗歌就更多了。白居易的闲适情调是其亦官亦隐的产物：既不放弃官场，又淡泊名利，用一种超脱的、知足的闲情逸致来透视官场。说白了，闲适就是白居易中隐思想的直接表露。关于“中隐”思想，其《中隐》诗讲得较为明确，该诗云：

> 大隐住朝市，小隐入丘樊。丘樊太冷落，朝市太嚣喧。
> 不如作中隐，隐在留司官。似出复似处，非忙亦非闲。
> 不劳心与力，又免饥与寒。终岁无公事，随月有俸钱。
> 君若好登临，城南有秋山。君若爱游荡，城东有春园。
> 君若欲一醉，时出赴宾筵。洛中多君子，可以恣欢言。
> 君若欲高卧，但自深掩关。亦无车马客，造次到门前。
> 人生处一世，其道难两全。贱即苦冻馁，贵则多忧患。
> 唯此中隐士，致身吉且安。穷通与丰约，正在四者间。

可以说，白居易的思想兼容了儒、释、道三家，而又不受三家所拘泥，能够融合甚至超越它们。其《中隐》一诗对中隐思想进行了较为全面的表述，充分显示出了他睿智、豁达的一面；当然，也体现了他非常实际、世俗化的一面。如果按照道家老、庄和佛教出世精神来说，冷落而静寂的丘樊山林恰恰是隐逸避世的最佳场所，因为在那里可以安静地修身养性、体玄悟道，但是白居易认为并不可取。同样，如果依照儒家积极入世的精神而论，喧嚣的朝市庙堂才是齐家、治国、平天下的理想之地，因为在这里能够出将入相、建功立业，实现人生的价值，但是白居易认为也不可取。大隐士与小隐士，出世与入世，忙碌与悠闲，冷落与喧嚣，贫贱与富贵，所有这些在白居易看来都走了极端，都不好，都不可取。

白居易既超越了道家与佛家的出世情怀，又融合了儒家的入世精神，以一种平常的心态，着眼于实际利益，为广大文人士大夫指出了一条“似出复似处”的“中隐”之路：这条路既不执着于出世，亦不执着于入世，综合了东方朔“避世于朝廷之间”的朝隐之路、王维的“吏隐”之路等，巧妙地平衡了士大夫独立意识与集权专制之间的矛盾。通过实践证明，白居易所开创的亦官亦隐的中隐之路是成功的，对后代产生了较为深远的影响。白居易之后，中隐成为文人士大夫津津乐道的话题，引起了人们极大的关注与效仿。如苏轼就曾说：“未成小隐聊中隐，可得长闲胜暂闲。”（《六月二十七日望湖楼醉书》其五）《旧唐书》卷一百六十六、《新唐书》卷一百一十九都有白居易的传记。

28　陈抟隐居修行

陈抟小传：陈抟是晚唐到北宋时期的一位奇人，富有神秘色彩。他饱经风雨，也非常长寿，活了118岁；他也是一位著名的隐士，先在湖北武当山隐居修行二十多年，又在陕西华山隐居修炼四十多年。他曾被周世宗监禁，也得到了宋太宗的礼遇。

陈抟（871～989年）字图南，亳州真源（今安徽省亳州市谯城区）人。号扶摇子，赐号“白云先生”“希夷先生”。他出生在唐朝，成长在五代时期，去世在北宋初期，活了 118 岁。这在“人生七十古来稀”的古代，简直匪夷所思。他是道家学者、养生家，也是一个著名的隐士。他的一生，充满了传奇色彩。

传说在陈抟四五岁时，有一天在涡水岸边玩耍，突然来了一个身穿青衣的妇人。她抱起小陈抟，喂奶给他吃，然后就飘然而去。被喂奶后的陈抟，仿佛从肉体凡胎变成了仙风道骨，不但容颜丰润、神采飘扬，而且聪慧异常，见解过人，语含玄机，词锋锐利，与过去简直是判若两人。

陈抟年轻时学习儒家思想，颇有建功立业的雄心壮志。他希望通过科举考试之路，走上仕途，从而施展才华，留名于后世。他才学过人，在后唐时期文名远扬；又由于他具有仙风道骨的神采，所以成为文人士大夫心目中的榜样。人们都以能与他交谈，或者得到他的片纸文字为幸事。然而，就是这样一个满腹经纶、名气盛极一时的大学问家，竟然在科举考试中名落孙山，这对陈抟的打击是非常大的。

遭受到巨大打击的陈抟，建功立业的心志熄灭了。此后，他把才华与精力都转移到道家神仙之术上来，试图抛弃人间的烦恼，找到新的人生寄托。在高人的指点下，陈抟到道教第一名山——武当山九室岩隐居修行，这一隐就是二十多年。据说，陈抟在武当山修炼“胎息法”功夫，并且已经修炼到了相当高的境界：每天不吃五谷杂粮，只饮酒几杯即可。后来，陈抟又到陕西华山云台观隐居修炼。这一次，隐居的时间长达四十多年。在这里，他又练成了一种独特的功夫——“睡功”。他能够在不盖被子、不运动，且不吃东西、不饮水的情况下，连睡几天、几十天，甚至一百多天才醒过来。因此，他的弟子们都称他为“睡仙”。

后周时期，周世宗柴荣认为陈抟胸怀大志，不放心他，于是让地方官员把他从华山请到京城，关在房子里，断绝饮食一个多月。一个多月后，打开房门，发现陈抟仍在酣睡之中，容颜红润、精神焕发。醒来之后的陈抟，作了一首《对御歌》，表白自己不乐仕进、淡泊名利的思想。周世宗任命他为谏议大夫，陈抟固辞不就。不得已，周世宗放陈抟回归华山，并让地方官在年节之时加以慰问。后来，还赐帛五十匹、茶三十斤，让有关官员转给陈抟。其实，这些行为都暗含监视和督查之意。

周世宗柴荣堪称五代时期的一代明君，他胸怀大志，整顿军备，厉兵秣马，计划一统中国。但是，正在他统一大业进展顺利之时，却突然一病不起，撒手人寰，由他七岁的儿子即位。远在华山的陈抟闻讯后，立刻采取了行动。他集合起数百人的队伍，骑着白骡子向东进发，准备先占据州县为据点，从而争夺天下。但是在东进途中，听说赵匡胤发动陈桥兵变，已经黄袍加身，陈抟大笑着从骡背上跌落，感叹说："大势已定，百姓遇到明主了。"于是返回华山，继续自己隐居修行的生活。

宋太宗赵光义（976～997 年在位）统治时期，陈抟受到了特别的礼遇，成了皇帝的座上客。公元984 年，陈抟朝见宋太宗。宋太宗对宰相宋琪等说："陈抟独善其身，不求权势名利，乃是方外高士。他居住在华山已四十多年，应该一百多岁了。他自说经历过五代战乱，幸而天下太平，所以前来朝见。你们与他交谈，可听听他的高论。"于是宋琪等向陈抟请教，陈抟说："我乃是山野之人，一无长处，对时局无益，既不懂得神仙长生之道，也不知道炼丹变成黄金白银之术，更不懂吐纳养生之理，没有什么可以传世的。当今圣上龙颜秀异，博达古今，深究治乱，乃是有道明君。君臣协心同德，勤行修炼，教化百姓，这才是正途。”宋琪等把陈抟之语转奏皇上，宋太宗龙心大悦，更加看重陈抟，于是下诏赐号“希夷先生”，赐紫衣一袭，留他在皇宫住下，让有关官员扩建华山云台观。宋太宗多次与陈抟诗赋唱和，过了几个月，才让他返回华山。

公元988年，陈抟忽然对弟子贾德升说：“你在张超谷凿石为室，我要永远地休息了。”989年秋七月，石室凿成。陈抟写了一封几百字的奏书，大意说：“我大限已到，虽留恋明世，却无可奈何，已于本月二十二日化形于莲花峰下张超谷中。”写完后，陈抟便到谷中。果然如期而卒，过了七天，他的尸体还未变冷。山洞口有五色彩云弥漫，一个月都没散去。

陈抟生平好读《周易》，手不释卷。自号扶摇子，著《指玄篇》八十一章，还有《三峰寓言》《高阳集》《钓潭集》等，诗歌六百余首。华阴隐士李琪，自言乃是唐朝开元时期的郎官，有数百岁了，很少有人能见到他；关西逸人吕洞宾有剑术，一百多岁了还有红润的童颜，他步履轻疾，顷刻间能走数百里，世人以为神仙。他们两个都多次到陈抟书斋中，与陈抟谈笑风生，人们都感到很惊奇。宋真宗大中祥符四年(公元1011年)，宋真宗亲临华阴，登上云台观，观看陈抟画像良久，下诏免除云台观的田租。《宋史》卷四百五十七《隐逸传》上设立了陈抟的传记，可以参阅。

29 种放隐居终南山

种放小传：种放是北宋初期人，出身于仕宦世家。他从小才华出众，但不乐仕进，其后与母亲一起隐居在终南山豹林谷之东明峰，自号“云溪醉侯”。其母去世后，他多次往返于朝廷与山林之间，亦官亦隐多年，为时人所轻视。死后，归葬终南山。

种放（955～1015 年）字明逸，今河南省洛阳市人。其父种诩，曾任吏部令史，后调补长安主簿。种放从小沉默寡言，勤奋好学，七岁就能写文章，却不喜欢和同龄的孩子们嬉戏玩耍。

成年后，父亲让他考进士，种放则以学业未成、不能妄动为由拒绝。他经常往来于嵩山和华山之间，颇有隐居山林之意。不久，其父去世，他的几个兄长都求得功名，走上了仕途。只有种放和母亲一起隐居在终南山豹林谷之东明峰，用茅草等搭建了房屋，仅仅能躲避风雨而已。种放以教书为业，愿意跟他学习的有很多人，他用门徒求学敬师的酬金来供养母亲。其母也安贫乐道，乐于食用粗茶淡饭，不慕富贵。

种放机缘巧合得到了一种辟谷术，于是就在东明峰另外建造房屋，每天都在峰顶高坐，观赏浮云飘荡。每当山中下起大雨，溪流水涨、道路阻断之时，山中粮食缺乏，种放母子只能食用芋艿、橡栗了。种放性嗜酒，便种黏高粱自己酿酒来喝。山中清冷空旷，少有人至，种放自得其乐，上观浮云，下赏溪流，于是自号“云溪醉侯”。种放常常身穿粗布短上衣，帛巾包头，背着琴，带着酒壶，坐在山石之上，以山中草药助兴饮酒，一待就是一天。

种放不喜欢佛教，经常把佛经撕裂开来，制成帷幕床帐。他作有《蒙书》十卷、《嗣禹说》、《表孟子上下篇》、《太一祠录》等，得到了时人的称赞。他还创作了不少诗歌，自称“退士”，并作传文表明自己的志向。

宋太宗淳化三年（公元992年），陕西转运使宋惟干上书朝廷，盛赞种放才德，皇帝就下诏要召见他。其母闻讯，非常生气地说："我常劝你不要聚徒讲学，你偏偏不听。既然已经隐居了，还创作什么诗文？如果因为人所知而不能平静地生活，我将会离开你而进入深山老林之中。"种放于是称病，拒绝朝见。其母把笔墨纸砚全部烧掉，然后转到人迹罕至的偏僻的地方居住。宋太宗赞赏种放的节操，赏赐给他大量钱财，让他继续隐居。

宋真宗咸平元年（公元998年），其母去世，种放悲痛异常，三天都水米不进，并在墓侧建造房室，为其母守孝。翰林学士宋湜、集贤院学士钱若水、知制诰王禹偁上书朝廷，说种放家贫，无力埋葬母亲。皇帝下诏，赐给种放钱三万、帛三十匹、米三十斛。

咸平四年，兵部尚书张齐贤上奏朝廷，说种放隐居三十年，十五年足迹不到城市，至孝至纯，简朴贞静，有助于风俗，与古人相比毫不逊色。皇帝又下诏赏赐五万钱，种放推辞不受。咸平五年，齐贤出任京城长官，他上奏朝廷，盛赞种放节操品行，请朝廷加以奖赏。皇帝下诏勉励，并赏赐帛百匹、钱十万，请种放进京。九月，种放入京师，在崇政殿觐见皇帝。皇帝赐座后，询问民政边事。种放对答道："明王治理国家，以仁政爱民为主，其余则徐徐教化。"再问其他，均谦让不答。宋真宗当天就任命种放为左司谏、直昭文馆，赏赐巾服简带，住在都亭驿。

第二天，种放就上表谢恩，并辞官。宋真宗不许，种放上书再次恳请放还山林，终未得许可。几天后，皇帝再次奖赏种放。咸平六年春天，种放再次请求还山，终得到皇帝的许可。临别之际，宋真宗又任命种放为起居舍人，并在琼林苑设宴饯行，皇帝亲赐七言诗三章。同年十月，宋真宗派人去终南山慰问种放。

宋真宗景德元年（公元1004年）十月，种放朝见皇帝，不久上书请到嵩山养老。此后种放多次到京朝见，常常很快就又返回山林。有人嘲笑种放，劝他放弃朝廷赏赐的官位，安心隐居山林，他对此不予回应。种放终身不娶，尤其厌恶喧嚣嘈杂，所以在京城的府邸也在偏僻处。但其晚年官至高位，也颇讲究车马服饰，甚至为人轻慢，还有不法行为，以致为时人所讽刺，甚至所不齿。

宋真宗大中祥符八年（公元1015年）十一月，种放早起，让人取来前后章疏文稿，全部付之一炬。之后，他穿上道士服装，召诸生宴饮，喝了几轮酒，然后就去世了。宋真宗听说噩耗，非常伤心，于是亲自撰写了祭文，派遣内侍朱允中前去祭奠。最后，种放被安葬在终南山，朝廷赠他工部尚书衔。《宋史》卷四百五十七《隐逸传》上有种放的传记，可供参阅。

30 岳行甫不仕金朝

岳行甫小传：岳行甫字仁老，今陕西省延安市洛川县人。他生活在宋末金初，曾高中南宋科举之文学科，是一个著名的文人，有诗一百多首，且佳句甚多，在关中一带名气很大。他还是一个著名的隐士，拒不接受金章宗的征聘，得到了时人的好评。

岳行甫字仁老，鄜州洛川（今陕西省延安市）人，大约生活在南宋末金代初期，具体生卒年不详。岳行甫从小不但天资聪颖，而且勤奋好学，尤其喜欢诗词创作。常常为了作诗，忘记了吃饭、睡觉。成年之后，岳行甫在长安一带游学，并结交了很多志同道合的师友，与他们一起诗词唱和。通过相互切磋交流，岳行甫诗词创作的才能得到了极大提升，他的诗词作品也得到了时人的赞赏，其诗文之名也随之广为人知，尤其在关中地区的影响最大。

南宋末期，岳行甫曾参加朝廷举行的科举考试，并高中文学科。由于社会乱象已现，他并未求取任何官职。在金章宗泰和（公元 1201 ~ 1208 年）初年，有人非常欣赏他的《时病》诗，认为他的这篇作品有为而发，切中时弊，体现出了强烈的忧患意识和责任心，且温柔敦厚，典雅中正，颇为难能可贵，于是便把这首诗上奏金章宗。金章宗阅读该诗后，也对岳行甫大加赞赏。随即，金章宗下诏，征召岳行甫，对他授以官职。但是，岳行甫更想过自由自在的生活，不愿出仕，于是并未赴任。时人闻知此事，认为岳行甫有古人"不事王侯、高尚其事"之风。

岳行甫隐逸自适，以诗词闻名，有诗百余篇，其中佳句甚多。刘志云："岳行甫曾中南宋文学科，而人物列在金代隐逸传，大概是因为他不接受金章宗的征聘，具备了东晋大诗人陶渊明'不为五斗米折腰'的气节。所以记录岳行甫高中南宋文学科，乃是让人得见洛川之人颇有才学；记载他不仕金朝，却是让人知道洛川有淡泊名利的高士。不论是富有文学才华，还是具有隐士的高风，都能因此而流传后世，永垂不朽。"关于岳行甫的事迹，民国余正东主修、黎锦熙总纂《洛川县志》卷二十五《人物志·学艺》有传，可参看。

31　杨奂先隐后仕

杨奂小传：杨奂生活在金朝末期与元朝正式建立前的蒙古时期，从小受到了良好的教育。在金末，他曾参加科举考试，惜未中进士。于是返回故乡，后辗转到终南山下隐居。蒙古时期，杨奂考中状元，之后出仕。做官十五年，清正廉洁，政绩卓著。

杨奂（1186～1255年）字焕然，又名知章，乾州奉天（今陕西省乾县）人。杨奂从小聪慧过人，年幼时，曾经受到了良好的家庭教育。据说，杨奂三岁就能咏出上佳诗句。五岁开始读书，由其母程氏亲自教导。程氏是一个知书达理的女性，她给年幼的杨奂讲了很多历史故事，激励杨奂向优秀的历史人物学习。杨奂八岁出外求学，程氏让他带着同学来家里，一一询问他们的志向，把那些立志学习、有意功名的孩子留下，与杨奂结伴，其余没有远大理想的都给赶走了，以免他们会影响杨奂。杨奂在家庭和学校的熏陶下，从小就养成了优良的品德和良好的学习习惯。在杨奂十一岁那年，母亲程氏不幸因病去世。少年的杨奂非常悲痛，在守孝期间，他每日都是粗茶淡饭，并诵读《孝经》作为自己的功课。其后，杨奂潜心读书，勤于钻研，把家里数千卷藏书全都披阅一遍，他的学识也因此得到了长足的进步。

金代末期，杨奂曾参加科举考试，结果未中进士。金哀宗（公元1224～1234年在位）统治初期，曾计划刷新吏治，变革弊政。杨奂闻讯，慷慨陈词，写出了一篇万言策。在策书中，他大胆建言，指斥时弊，揭露不公，揭露了当权者腐化贪婪的丑态，发时人所不敢发。其友看后，告诫他说自古忠言逆耳，会触怒权贵，还是不要公开的好。杨奂静下心来，也认为朋友所说有理，于是并未把万言策上奏朝廷。看到现实统治暗黑，杨奂便返回故里，以讲学为业。其后，他辗转到了户县郊外终南山下，并在此建造紫阳阁。他还种植了上千颗柳树，号曰“柳塘”。杨奂有门人弟子百余人，他们一起研习古籍，诗词唱和。每有佳作，很快就能传遍长安，其闲逸潇洒之名，远近皆知。

金哀宗正大八年（公元 1231 年），杨奂到了汴梁（今河南省开封市）。此时，他已经成为前辈士大夫们所赏识的人物，且为太学诸生之首，同当时的上层名流赵秉文、李屏山、冯璧等交往密切。金哀宗天兴二年（公元 1233 年），金京城汴梁失陷，杨奂微服北渡，流落到了赵天锡门下。此期，杨奂与元好问交谊颇深，并受到了后者的推崇。杨奂在赵天锡门下读书教学，吟诗作赋，生活得颇为逍遥自在。当时权豪、东平严实喜欢结交寒素之士，他久闻杨奂才名，非常钦佩，曾多次相邀，但杨奂都拒而不往，因为他很珍视与赵天锡的友谊，不愿朝秦暮楚。

元太宗八年（公元 1236 年），朝廷下诏举行进士会考。杨奂闻讯，便辞别赵天锡，北上应试。同年八月，杨奂应试东平路，两中赋论第一，中状元，进士及第。时任中书的耶律楚材很欣赏杨奂的才气与人品，推荐他做河南路征收课税所长官兼廉访使。上任之前，杨奂对耶律楚材说：“我本是一介书生，生性愚拙，现在要去管理财政事宜，实非自己所擅长。况现在正值兵荒之后，生民凋零，如果操之过急，势必加重百姓负担，引发民怨。只是希望通过长期治理，使广大百姓休养生息，逐渐恢复生产，安居乐业。”耶律楚材听后，认为杨奂说得很对。杨奂到任后，改革弊端，力行廉政，削减赋税，减轻了百姓的负担。杨奂从政十五，清正廉洁，政绩卓著。

元宪宗元年（公元1251年），杨奂告老还乡。他如释重负，于是先后出游北京、山东等地。同年九月，元世祖召杨奂入京，任命他做参议京兆宣抚司事。上任不久，他就屡次上书请求还乡，获准后回到故乡，修筑屋堂，名为“归来堂”，为他养老之所。宪宗五年，杨奂患病，自感不支，口授遗诗三章，然后怡然而逝，赐谥号“文宪”。

杨奂博览群书，长于记忆，作文章务必去除陈词滥调，以因袭古人为耻辱。朝廷中诸位年高德重者，都降低辈分与他交往。关中地区虽然号称人才众多，但名声没有超过杨奂的。杨奂不擅长经营产业，家中财产不足十金，却喜欢周济他人的急难。虽然财力不足，杨奂仍然尽力而为地去做善事。假如别人有一点小善，他就委婉称赞，唯恐不被人所知；假如别人有小的过失，他必定要竭力劝阻，从不顾忌别人的怨恨。著作有《还山集》六十卷、《天兴近鉴》三卷、《正统书》六十卷等，流传于世。《元史》卷一百五十三以及清汪以诚修、孙景烈撰《乾隆鄠县新志》卷四中，都为杨奂设立传记，可参考。

32　李颙长安讲学

李颙小传：李颙是明末清初著名的思想家，他自学成才，是“关学”的重要代表人物，名重一时，影响很大。李颙还是一个安于清贫、不慕荣利的遗民、隐士，他顾惜名节，不与清朝统治者合作，曾多次拒绝朝廷的征召，甚至拒绝康熙皇帝的召见。

李颙（1627～1705 年）字中孚，号二曲，今陕西省周至县人，明末清初著名的思想家、学者。李颙出身十分贫寒，在其母的抚育下，一边辛苦养家，一边借书苦读，后终成一代儒学大家，堪称是真正地自学成才。故在清初学术界，李颙素以“艰苦力学，无师而成”闻名于世，被时人誉为“海内真儒，关中正脉”。在全国，他与黄宗羲、孙奇逢齐名，人称清初“海内三大儒”；在关中，他又与李因笃、李柏齐名，合称“关中三李”。李颙在当时影响非常大，一些著名的、影响很大的思想家，如顾炎武、傅山等，都曾屈尊向他求教过。

李颙自学成才之后，修身养性，安于贫寒，不求仕进。他以倡导“关学”为己任，关中士子多归于他的门下。其后，他还讲学于江南，所到之处，学者云集响应，所以门徒甚多。在李颙四十七岁时，陕甘总督鄂善重修关中书院。书院重建后，多次聘请李颙去讲学，李颙便乘机讲述“关学”。作为儒家学派的思想家，李颙的思想仍然是以孔子、孟子思想为主体，并对之进行发明阐扬。作为哲学家，李颙崇尚宋明理学中陆九渊、王守仁所倡导的心学，注重“明体适用”，认为“明体不适于用，便是腐儒，适用而不本于明体，便是霸儒”。李颙的学术主张以及讲学实践大大提高了“关学”的学术地位，成为清代“关学”的一个发展高峰。

李颙出生于明朝末期，刚刚成年明朝就灭亡了。清朝建立之后，作为明朝的遗民，李颙对统治者始终采取不合作的态度。据史料记载，李颙曾多次拒绝朝廷的招聘，坚持当一介布衣，过着读书讲学的生活。康熙八年（公元 1669 年）六月，朝廷诏访隐逸之士，巡抚白某早就听说过李颙的大名，于是打算专门上奏推荐。李颙闻讯，便写了一封书信，托人转交巡抚，表示了坚定的拒绝。白某见李颙态度坚定，不愿强人所难，此事便不了了之了。

康熙十二年（公元1673年），陕西总督鄂善认为李颙是地方大贤，品德高尚，既未曾荣禄以造福百姓，又不能遮蔽其贤德之名，便向朝廷上奏疏，说他是“一代真儒，三秦佳士，学术经济，实旷世之遗才，道德文章，洵盛朝之伟器”，建议朝廷量才录用。李颙闻讯，深感惊愕，于是给总督鄂善修书一封，大意说自己身体染病，久治不愈，导致右脚麻木无知，难于行走，请允许自己在家养病，又一次婉拒了朝廷的征聘。

康熙十三年四月，朝廷下诏征召李颙。这一次，吏部明令督抚直接派人护送，其实就是强行征召。如果李颙不去京城，就必须开具医生的相关证明。如果情况有假，李颙的邻居都得受到牵连。在这种情况下，李颙的长子前去哀求，诉说父亲病重，但是总督、巡抚的态度非常坚决，必须要抬人验证，验证的方法就是以锥子刺股，看到底有没有感觉。李颙闻知，气愤至极，但又无可奈何，只能闭目无语。后来在被逼无奈之下，李颙对天发誓，表示自己宁死也不会进城，更不可能接受官职。后经过一些汉族官员说情，并迫于舆论的巨大压力，督抚只能以病重为由上报朝廷。

康熙十七年（公元1678年），皇帝向天下颁发诏书，大意说一代之兴盛，必有博学鸿儒振起文运，阐发经史，以备顾问。于是发起博学鸿词科，让地方官府推举贤士。有了皇帝的亲诏，这次地方官员对李颙催逼得更加厉害。据记载，当时李颙正住在大雁塔，陕西总督哈占和西安府尹轮番劝他应征。李颙本就身体欠安，长期卧床，于是便又一次以疾病坚辞。但是紧接着，他的朋友和官吏都来了，官吏气势汹汹，威逼利诱；朋友泣泪劝告，让他低头。而李颙毫不屈服，慷慨陈词说：“人生终有一死，只怕死得不得其所，今天终于能死得其所了。”他的严词拒绝，终于又取得了胜利，并为自己挣得了自由之身。

康熙四十二年（公元 1703 年），康熙皇帝西巡，驾临西安，计划亲自召见李颙会谈。皇帝亲自召见，一般人都会感激涕零，诚惶诚恐地前去叩谢天恩。但是李颙坚持民族气节，不愿向清廷叩拜，于是仍然以年迈体衰、行动不便婉拒。康熙皇帝无奈，也不想落个残暴的名声，只得下旨作罢，称李颙“年高多病，既然不能行走见驾，也不必勉强”。于是赐御笔“操志高洁”匾额，以及御制诗章，同时索求李颙的著述。

康熙四十四年（公元 1705 年），李颙去世，享年 79 岁。他一生安于清贫，廉洁耿直。他顾惜名节，屡次拒绝朝廷征召，誓不仕清。他学问渊博，在理学思想、史籍考证、文字训诂等方面都颇有建树，著有《四书反身录》《二曲集》等传世。《清史稿·儒林传》中有李颙传记，可参考。

卷下

隐士文化六论

第一论　制度视域下的隐士群体

西晋皇甫谧《高士传》序曾指出："然则高让之士，王政所先，厉浊激贪之务也。"① 认为招揽那些高蹈谦让的隐士，是称王施政的首要任务，是厉浊激贪的重要举措。正因为如此，隐士虽是我国古代社会的边缘人，但作为一个特殊的社会群体，却常常会走上政治舞台，对现实的政治生活产生不可忽视的重要影响，这是和招隐制度分不开的。招隐制是在我国特殊的历史文化条件下形成的一种行动准则，并为历代绝大多数统治者（尤其开国时期的君主）所自觉执行。招隐行为具有顽强的生命力，绵延数千年，几乎与我国古代社会相始终，成为传统文化中一道独特的风景。下面结合典籍文献，详细论述之。

---

① 〔晋〕皇甫谧撰，刘晓东校点．高士传［M］．沈阳：辽宁教育出版社，1998：1.

一、先秦两汉——招隐制的酝酿与确立

先秦两汉是招隐制度的酝酿与最终确立的时期。招隐的倡议，最初是由孔子提出来的，并得到后人的不断回应。《论语·尧曰》篇记载孔子的话："兴灭国，继绝世，举逸民，天下之民归心焉。"康有为注曰："《后汉书·逸民传论》注、《文选·两都赋》序、《为诸孙置守家人表》两注、颜师古《汉书·外戚侯表》注引皆有'子曰'。"① 在这里，孔子把"举逸民"作为使"天下之民归心"的三大举措之一，得到了后人的一致赞同，除上文康氏提及的诸书外，《高士传》《隋书》《北史》《新唐书》等也都直接引用此语。招隐的具体时间，则一般应当是在季春（并非一成不变)。《礼记·月令》篇云："季春之月……勉诸侯，聘名士，礼贤者。"郑玄注曰："名士，不仕者。"② 孔颖达引蔡氏语云："名士者，谓其德行贞纯，道术通明，王者不得臣，而隐居不在位者也。贤者，名士之次，亦隐者也。名士优，故加束帛，贤者礼之而已。"③ 经学家把名士、贤者都理解为隐士。招隐使用的特殊礼品，则是"束帛加璧"。《礼记·礼器》篇云："束帛加璧，尊德也。"《周易·贲·六五》云："贲于丘园，束帛戋戋。"荀爽曰："艮山震林，山林之间为园圃，隐士之象。"薛综云："古者招士，必以束帛加璧于

① 康有为. 论语注［M］. 北京：中华书局，1984：301.

② 〔汉〕郑玄注，〔唐〕孔颖达正义，吕友仁整理. 礼记正义［M］. 上海：上海古籍出版社，2008：648.

③ 〔汉〕郑玄注，〔唐〕孔颖达正义，吕友仁整理. 礼记正义［M］. 上海：上海古籍出版社，2008：649.

上。”① 李士钤以为：“如贤人之在野，必以束帛聘于丘园……贤者邦家之光，聘贤者礼文之美……贤者固可以诚求，而不可以货取也。”②大约从汉代开始，统治者便常常使用安车、玄纁来招聘隐士，其中玄纁是赠给隐士的礼品，安车是供隐士乘坐的交通工具。如汉光武帝聘请严光：“帝疑其光，乃备安车玄纁，遣使聘之。三反而后至。”③ 汉桓帝聘请徐穉、姜肱、韦著等人：“桓帝乃以安车玄纁，备礼征之，并不至。”④ 招隐的方式，一般是先由下面向朝廷推荐，然后再由帝王亲自或委派使者前去聘请。

而招隐的实际行动，从传说时代就开始了。《庄子》一书曾描述了多位帝王的招隐、让王行为。如《逍遥游》篇中的“尧让天下于许由”，《让王》篇中的尧“又让于子州支父”，“舜让天下于子州支伯”，“舜以天下让善卷”，“舜以天下让其友石户之农”，“舜以天下让其友北人无择”，商汤拿王位“以让卞随”，“又让瞀光”，等等。皇甫谧《高士传》为把隐士传统系统化，“采古今八代之士，身不屈于王公，名不耗于始终，自尧至魏，凡九十余人。”⑤ 编成《高士传》一书，既收录了上述说法，也补充了以前没有的故事，如舜帝让位蒲衣子，禹曾让位

① 马振彪著，张善文整理. 周易学说［M］. 广州：花城出版社，2002：231.

② 马振彪著，张善文整理. 周易学说［M］. 广州：花城出版社，2002：232.

③ 〔宋〕范晔撰，〔唐〕李贤等注. 后汉书［M］. 北京：中华书局，1965：2763.

④ 〔宋〕范晔撰，〔唐〕李贤等注. 后汉书［M］. 北京：中华书局，1965：1747.

⑤ 〔晋〕皇甫谧撰，刘晓东校点. 高士传［M］. 沈阳：辽宁教育出版社，1998：1.

于伯成子高等。《韩非子》也描绘了周武王让位给伯夷、叔齐之事："古有伯夷、叔齐者，武王让以天下而弗受，二人饿死首阳之陵。"①尧、舜及三代开国君王让王之事，多是传说，未必可信。但这些处在我国历史文明形成期的典籍所记录的事迹，即使是编者的有意伪造，也会对后代产生不可忽视的重大影响，同时上古圣王的统治及其德望对我国后来的历史政治影响非常巨大，故而均会促成后代统治者礼敬隐士、招聘隐士的文化传统。

夏末商初，商汤征聘"处士"伊尹，先后五次才得成功；商末周初，姜尚隐居渭水垂钓，周武王"载与俱归，立为师"。这两件事虽有《史记》的记载，但司马迁却措辞模糊且语焉不详。降及春秋战国，各诸侯国的统治者也大力招聘隐士，其实际行动也屡见记载。如齐桓公五访小臣稷（详见《韩非子》），魏文侯招聘段干木（详见《吕氏春秋》），几任楚王曾先后招聘老莱子（详见刘向《列女传》）、陆通（详见《韩诗外传》）、陈仲子（详见《列女传》）等，楚威王招聘庄子（详见《史记》），鲁穆公招聘公仪潜（详见《孔丛子》），鲁恭公招聘黔娄先生（详见《列女传》，以上从小臣稷开始均又见《高士传》），鲁穆公求见泄柳（见《孟子》），等等。这些故事真真假假，大概真假参半，难以彻底考证清楚。

到了西汉初期，则有汉代统治者招聘商山四皓的史实：先是汉高祖求之几年不得，后有吕后用张良计，终于聘请成功（详见《史记·留侯世家》）。东汉初年，汉光武帝不但数次招聘隐士，如严光、周党、

---

① 〔战国〕韩非子撰，秦惠彬校点．韩非子［M］．沈阳：辽宁教育出版社1997：36.

王霸等人，还明确下诏，认可了隐士隐居不仕的合法性，为隐士出处的自由提供了法令条文，其诏书曰："自古明王圣主，必有不宾之士。伯夷、叔齐不食周粟，太原周党不受朕禄，亦各有志焉。其赐帛四十匹。"① 袁宏《后汉纪》载光武帝"以范升奏示公卿诏"云："自古尧有许由、巢父，周有伯夷、叔齐，自朕高祖有南山四皓。自古圣王，皆有异士，非独今也。太原周党，不食朕禄，亦各有志焉。"② 虽内容稍有不同，但主旨一致。对此，张立伟分析道："光武不同意范升要坐周党罪，并出了自己那个针锋相对的诏书，这个姿态传达出来的信息是，政府的权力不是无边的，政府的权力不得干涉'不宾之臣'的不合作。以天子之尊用诏书广示百官，对隐逸既不应指责又不得干涉，故我说，这个诏书标志着一项逆向行使的人权的确立——即不合作被确定为权利，被国家正式承认为'可以'，为'合法'。"③ 笔者认为，汉光武帝关于隐逸的诏书，既体现出朝廷以法令条文的形式，规定了隐士隐居的合法性，同时也标志着招隐制度的正式确立。此后，统治者招聘隐士的诏令，屡屡见于史籍。

二、魏晋至宋元——招隐制的发展与繁荣

汉光武帝之后，历代统治者都能明确认识到隐士对其统治的重要性，也都把招隐制度作为施政方针之一，努力贯彻下去，这促成了招隐

① 〔宋〕范晔撰，〔唐〕李贤等注．后汉书［M］．北京：中华书局，1965：2762.

② 〔清〕严可均．全后汉文［M］．北京：商务印刷馆，1999：4.

③ 张立伟．归去来兮：隐逸的文化透视［M］．北京：生活·读书·新知三联书店，1995：93.

制度的继续发展，并在唐宋时代达到繁荣。三国时期，曹操之所以能在诸侯混战中取得先机，和他多次发布唯才是举的命令有关。他所说之人才，其实相当一部分属于隐士，如其《求贤令》明确说："自古受命及中兴之君，曷尝不得贤人君子与之共治天下者乎……今天下得无有被褐怀玉而钓于渭滨者？又得无有盗嫂受金而未遇无知者乎？二三子其佐我明扬仄陋，唯才是举，吾得而用之。"① 按照上文孔颖达之说，贤士即隐士，那么求贤就是招隐了。蜀汉的刘备，礼贤下士，三顾茅庐，为自己赢得了一位隐居民间的奇才诸葛亮："由是先主遂诣亮，凡三往，乃见。"② 晋代"自典午运开，旁求隐逸"，如晋武帝招聘范粲、郭琦，晋惠帝、元帝、明帝聘请任旭等（详见《晋书·隐逸列传》），宋武帝征聘戴颙、宗炳、周续之等（详见《宋书·隐逸列传》），檀道济聘请陶渊明（详见《南史·隐逸传》），齐太祖招聘褚伯玉、明僧绍等（详见《南齐书·高逸列传》），梁武帝招聘何点、阮孝绪、陶弘景等（《梁书·处士列传》），北魏宣武帝招聘冯亮（详见《魏书·逸士列传》）；隋文帝也喜欢任用隐士，有《新唐书》卷九十六记载杜淹之语为证："上（指隋文帝）好用隐民，苏威以隐者召，得美官。"③ 晋末桓玄篡位，为了招揽民心，扩大声势，也在招隐制上大做文章，并由此做下了一场传诵千古的闹剧。据《晋书》记载："玄以历代咸有肥遁之士，而己世独无，乃征皇甫谧六世孙希之为著作，并给其资用，皆令让而不

---

① 〔清〕严可均．全三国文［M］．北京：商务印刷馆，1999：17～18.

② 〔晋〕陈寿撰．〔宋〕裴松之注，三国志［M］．北京：中华书局，1982：912.

③ 〔宋〕欧阳修、宋祁．新唐书［M］．北京：中华书局，1975：3860～3861.

受，号曰高士，时人名为‘充隐’。”① 为了实施招隐制，没有隐士怎么办？桓玄的做法是制造隐士。由此极端例子亦可看出，招隐制在统治者心目中的地位是多么重要。

唐代统治者对招隐制度使用得更加纯熟，多次以此招揽隐士。士人们也心领神会，纷纷去做隐士，以退为进，从而走上仕途。帝王们为推行招隐制度，不遗余力："高宗天后，访道山林，飞书岩穴，屡造幽人之宅，坚回隐士之车。”② 隐士们纷纷攘攘，走出山林，走进庙堂："然放利之徒，假隐自名，以诡禄仕，肩相摩于道，至号终南、嵩少为仕途捷径，高尚之节丧焉。”③ 此时，隐逸几乎完全成为文人出仕的一种手段，标志着传统隐逸精神的低落与迷失。新、旧《唐书》隐逸传所记载的隐士，绝大多数都有过出仕的经历，便是此点之明证。霍松林、傅绍良以为："如果说科举和军功最具有盛唐时代特色的话，那么‘终南捷径’——隐逸则可谓是传统入仕方式在盛唐的发展……当时不少山林之士多以此为入仕之途，尽管这种身在江湖心在魏阙之举不足嘉，但作为一种生活方式和入仕手段，由隐而仕在当时产生的影响是不容低估的。”④ 五代虽是乱世，招隐制度仍未被抛弃，如五代后唐明宗招聘郑遨，后晋高祖聘请郑遨、张荐明、石昂等。（详见《新五代史·一行传》）

到了宋代，隐士人量出现，招隐之风也愈演愈烈。据统计，有宋三

---

① 〔唐〕房玄龄．晋书［M］．北京：中华书局，1974：2593～2594.

② 〔后晋〕刘昫．旧唐书［M］．北京：中华书局，1975：5116.

③ 〔宋〕欧阳修、宋祁．新唐书［M］．北京：中华书局，1975：5594.

④ 霍松林、傅绍良．盛唐文学的文化透视［M］．西安：陕西师范大学出版社，2000：157～158.

百年，见于各种典籍记载的隐士就有近四百人。仅《宋史》就专门设立了三篇列传，用来记载隐士。就正史记载隐士而言，《宋史》隐逸传所录隐士数量之多，超过了以前任何一个朝代。由于宋代统治者崇文抑武，和前代或者此后相比，他们尊隐、招隐的行为更加突出，这是招隐制度和隐士群体双向互动的自然结果。从《宋史·隐逸列传》的一段话，也可以大致看到宋代隐逸之风的盛行："宋兴，岩穴弓旌之招，叠见于史，然而高蹈远引若陈抟者，终莫得而致之，岂非二卦之上九者乎？种放之徒，召对大廷，亹亹献替，使其人出处，果有合于《艮》之君子时止时行，人何讥焉。"① 宋代招隐的典型例子，有宋太宗优待陈抟、种放，宋真宗招聘种放、李渎、邢敦、林逋，宋仁宗礼聘高怿、黄晞等。（详见《宋史·隐逸列传》）金、元两朝虽是少数民族当权，但是统治者并没有丢弃招隐制。他们自觉接受了招隐制的影响，并付诸行动。如金章宗聘请赵质（详见《金史·隐逸列传》），元世祖招聘杜瑛、张特立，元武宗、文宗、惠宗征召杜本等。（详见《元史·隐逸列传》）

三、明清——招隐制的变质与重建

历史的车轮推进到明朝，封建社会的腐败性和专制性也表现得越来越突出。明初，明太祖朱元璋为了迅速建立起新秩序，巩固统一的专制主义中央集权，更为了加强自己的权威，奴化民众，就高度重视立法建制，招隐制也因此受到牵连而变质，这主要体现在朱元璋对不仕者采取了非常严厉的高压手段。根据《明史》卷九十三《刑法志一》载，洪

① 〔元〕脱脱. 宋史［M］. 北京：中华书局，1985：13417.

武十八年，朱元璋亲自制定的《大诰》中有十条规定，其中一条是“曰寰中士夫不为君用，其罪至抄劄。”① “次年复为《续编》《三编》，皆颁学宫以课士，里置塾师教之。囚有《大诰》者，罪减等。”② 朱元璋并非做做样子，他对那些敢于不仕者举起了屠刀。《明史》卷九十四《刑法志二》记载：“贵溪儒士夏伯启叔侄断指不仕，苏州人才姚润、王谟被征不至，皆诛而籍其家。‘寰中士夫不为君用’之科所由设也。”③ 杀了人，朱元璋还振振有词，为自己辩解：“寰中士大夫不为君用，是自外其教者，诛其身而籍其家，不为之过。”（《大诰》二编）④ 从传说时代的尧、舜、禹、汤，到春秋战国时期各诸侯国的国君，从汉高祖、汉光武帝及魏晋各代的统治者，到唐、宋、金、元的历代帝王，从来都是给士人以自由，尊重他们的选择：请你出仕，你可以接受，也可以拒绝，朝廷绝不为难，更不会滥施刑罚。但到了明代，朱元璋虽不废招隐制，继续“搜求岩穴，侧席幽人”，却以己意加于隐士，“对于不肯作官的人，也不放过……故有诏征不出而被杀者。高启之死，也和他坚决辞官大有关系。”⑤ 朱元璋举着屠刀征召隐士，招隐制因此变了味道，完全沦落为皇权的工具。士人没有了退路，只能入朝做官，否则就会受到迫害。当然，也有例外，也有隐士幸免于难，如杨引、吴海等拒绝朱元璋的聘任并没有被迫害。（详见《明史·隐逸列传》）但影响

① 〔清〕张廷玉．明史［M］．北京：中华书局，1974：2284.
② 〔清〕张廷玉．明史［M］．北京：中华书局，1974：2284.
③ 〔清〕张廷玉．明史［M］．北京：中华书局，1974：2318.
④ 郭预衡主编．中国古代文学史（四）［M］．上海：上海古籍出版社，1998：3.
⑤ 郭预衡主编．中国古代文学史（四）［M］．上海：上海古籍出版社，1998：3.

所及，朱元璋之后的明代皇帝，却仿佛对招隐制没了兴趣。

直到清朝建立，招隐制才又被重视起来。作为少数民族——满族来做国家的领导者，清代统治者内心本就甚为忐忑不安。而逸民隐士又颇不安分，蠢蠢欲动，如《清史稿·遗逸列传》所说："天命既定，遗臣、逸士犹不惜九死一生以图再造，及事不成，虽浮海入山，而回天之志终不少衰。迄于国亡已数十年，呼号奔走，逐坠日以终其身，至老死不变，何其壮欤!"① 为了笼络人心，稳固统治秩序，招隐是清代统治者祭出的一大法宝。如清朝曾两次特开博学鸿词科考试，令各级官员推荐学行兼优、文辞卓越之士，不论有无官职，一律到京考试。其中前来应试的，就有不少隐士。当然，这些没有骨气的隐士在当时就受到了辛辣的嘲笑。如王应奎《柳南续笔》卷二所载："鼎革初，诸生有抗节不就试者。后文宗按临，出示：'山林隐逸，有志进取，一体收录。'诸生乃相率而至。人为诗以嘲之曰：'一队夷、齐下首阳，几年观望好凄凉。早知薇蕨终难饱，悔杀无端谏武王。'及进院，以桌凳限于额，仍驱之出。人即以前韵为诗曰：'失节夷、齐下首阳，院门推出更凄凉。从今决意还山去，薇蕨堪嗟已吃光。'闻者无不捧腹。"② 或如《清稗类钞·考试类》所载之讽刺诗："圣朝特旨试贤良，一堆夷齐下首阳。家里安排新雀顶，肚中打点旧文章。当年深自惭周粟，今日翻思吃国粮。非是一朝忽改节，西山薇蕨已精光。"③ 讽刺归讽刺，但是从另一个侧面也可看出，清廷的招隐行为，对隐士还是有巨大诱惑力的。其实从皇太极开始，清廷就对汉人隐士相当宽容，"优礼志士之不屈者，所

① 赵尔巽. 清史稿［M］. 北京：中华书局，1977：13815～13816.

② 王应奎. 柳南随笔·续笔［M］. 上海：上海古籍出版社，2012：109.

③ 郑天挺. 清史（上编）［M］. 天津：天津人民出版社，2011：146.

以励臣节，所以示恩容也。”① 这几乎成为国策，一直延续到清代中期。由此可见，在明代变质的招引制度，到了清代又重新显示了其强大的生机。

四、招隐制与隐士群体的双向互动

上述大量历史事实足以证明，招隐制是客观存在的。作为非正式制度，它是在我国特殊的历史文化条件下形成的一种行动准则，并为历代统治者所自觉执行。在漫长的中国古代社会中，招隐制度的客观存在，大大刺激了隐逸文化的发展，并产生了数量众多的隐士。蒋星煜说：“自从巢父许由以下，一直到民国初年的哭庵易顺鼎辈，中国隐士不下万余人，即其中事迹言行历历可考者亦数以千计。”② 杨朝云认为：“中国隐逸传统如果从传疑时代的巢父、许由算起，几乎可与中华文明史同源，隐士亦不下万余人，有文献记载，事迹可考的就有几千人。”③ 张南也说：“在传说的尧舜时代，就出现了许由、巢父等不愿担任公职的隐士，由此而下，中国古代的隐士层出不穷。其中有事迹可考者在数千人以上。”④ 中国古代到底产生了多少隐士？笔者没有做过专门研究，不敢贸然下结论。不过笔者曾对“二十六史”做过专门考察，认为二十六种正史有二十一种设有隐士传，共记载隐士三百多人。这个数量还是相当大的，也是较为可信的。

---

① 萧一山. 清代通史［M］. 上海：华东师范大学出版社，2006：113.

② 蒋星煜. 中国隐士与中国文化［M］. 上海：生活·读书·新知三联书店上海分店，1988：1.

③ 杨朝云. 中国隐逸文化史［M］. 昆明：云南大学出版社，2004：4.

④ 张南. 隐士生涯·前言［M］. 广西师范大学出版社，1998：2.

总之隐士数量众多，并且鱼龙混杂，真假并存，俨然形成了一个特殊的职业。对此，鲁迅先生所说很有道理。他在《且介亭杂文二集·隐士》一文中说："登仕，是噉饭之道，归隐，也是噉饭之道。假使无法噉饭，那就连'隐'也隐不成了。"① 把做隐士与做官并提，认为二者在本质上没有区别，都是为了谋生吃饭。既然做隐士是一种谋生的"职业"，当然会由此获得些实际利益："可见'隐'总和享福有些相关，至少是不必十分挣扎谋生，颇有悠闲的余裕。"② 既然做隐士能够"和享福有些相关"，自然会有不少人趋之若鹜了。除了能够获得一些实际利益，符号化的隐士，被人们当作不事王侯、高尚其事、超越世俗名利的代名词，还能够得到清高的美名。如蒋星煜说："隐士在中国历史上始终扮演一种最受人家喝彩拍掌的角色。"③ 南怀瑾认为："隐士思想，历来占据传统文化精神最崇高、最重要的地位……如果强调一点来说，隐士思想，与历史上的隐士们，实际上，便是操持中国文化的幕后主要角色。"④ 综上可知，做隐士常常是既能获得实际利益，又能得到高尚的美名，何乐而不为呢？故士人们大多不会反对做隐士，招引制度对隐逸文化的发展起到了巨大的推动作用。

同时，也正是由于大量隐士的客观存在，才使得招隐制度能够维持下去。如果社会中没有隐士存在，招隐自然就成了一纸空文。虽然隐士队伍驳杂不纯，良莠不齐，但也有相当数量的品学俱优之士。这一点，

---

① 朱正校注. 新版鲁迅杂文集［M］. 杭州：浙江人民出版社，2002：185.

② 朱正校注. 新版鲁迅杂文集［M］. 杭州：浙江人民出版社，2002：186.

③ 蒋星煜. 中国隐士与中国文化［M］. 上海：生活·读书·新知三联书店上海分店，1988：6.

④ 南怀瑾. 禅宗与道家［M］. 上海：复旦大学出版社，1991：144.

从当代学者为隐士所做的定义中也能看出一二。韩兆琦《中国古代的隐士》说："隐士是与官僚相对而言的，它的含义是说，这个人本来有道德、有才干，原是个做官的材料，但是由于某种客观或主观的原因，他没有进入官场；或者是本来做官做得好好的，后来由于某种客观或主观的原因而离开官场，找个什么地方'隐'起来了，这就叫'隐士'。"① 高敏《中国历代隐士·序言》对隐士的定义和韩兆琦差不多："本文所论的'隐士'，是对我国古代社会里凡具有为官作吏条件的士人而不愿为官作吏者的总称。"② 纳兰秋《隐士大风流·作者序》认为："简单地说，有才能、有学问、能够做官而不去做并且具有较高声望的人，才叫'隐士'。"③ 虽然他们的定义都不非常准确，不能涵盖历史上所有的隐士，但他们都指出了隐士需要具备"为官作吏"的基本素质。古人以贤士、名士指代隐士，并非空穴来风，而是有现实根据的。考察隐士对政治的历史功绩以及对帝王声望的提高和美化，我们可以从姜子牙、商山四皓、严光、诸葛亮、陶弘景、田游岩、陈抟、种放等著名隐士身上，窥一斑而见全豹。

就功用而言，招隐制也能够为统治者带来巨大的实惠。通过招隐，如果得到了真正的品学兼优之士，定会有利于统治秩序的巩固；即使招不到，统治者也能博得求贤若渴、胸怀博大的美名；同时，还能用隐士的淡泊名利、清高自守等精神来激贪厉俗、澄清吏治。一箭多雕，真可谓有百利而无一害！历代统治者正是清楚地看到了这一点，才会大力推行招隐制，这就是为什么招隐行为具有顽强的生命力，能够绵延数千年

---

① 韩兆琦．中国古代的隐士［M］．北京：商务印书馆，1996：1.
② 高敏．中国历代隐士［M］．郑州：河南人民出版社，1994：2.
③ 纳兰秋．隐士大风流［M］．南宁：广西人民出版社，2007：1.

而不绝的主要原因。

第二论　隐士的四大文化原型

隐士虽然是我国古代社会的一群边缘人，但是作为一个特殊的社会阶层，他们对我国古代的政治、文化以及文人们的精神心理都产生着重大影响，也受到历代统治者的褒扬或者重视。我国古代产生了很多隐士，见前文提及蒋星煜、杨朝云、张南等人的观点。我国历史上有这么多隐士，该如何对这一特殊阶层进行分类呢？其实关于隐士的分类问题，确实是隐逸文化上的一桩迷案，从来没人能够把它断得一清二楚，真可谓公说公有理，婆说婆有理，众说纷纭，难有定论。①

笔者认为，只有从文化原型的角度对隐士进行分类，才能避免前人对隐士分类的诸多缺陷，清楚、明晰地把握历史上的这群边缘人。故此，笔者从中国传统思想文化的角度出发，认为对我国古代影响最大的四家思想——儒、道、佛、墨，都与隐逸文化有着密不可分的联系，据此可以把隐士分为四大文化原型：儒家手段式的待时之隐、道家目的式的适性之隐、佛（禅）家超脱红尘的方外之隐以及墨家兴利除害的侠士之隐。以四大原型为基础，来分析具体的隐士，他有可能仅是其中的一类，也可能是两类或几类的结合体。下面详细论述之。

---

① 霍建波. 隐逸精神和传统文化［M］. 北京：光明日报出版社，2009：24 -29.

一、儒家手段式的待时之隐

先秦儒家的代表人物孔子、孟子都有着较为系统的隐逸思想，根据其隐逸观的特点，笔者概括为儒家手段式的待时之隐。孔子多次表达了士人应该“天下有道则见，无道则隐”的观点，他在《论语·泰伯》篇说：“天下有道则见，无道则隐。邦有道，贫且贱焉，耻也；邦无道，富且贵焉，耻也。”① 在《论语·宪问》篇说：“邦有道，谷；邦无道，谷，耻也。”② 孔子的意思非常明确，个人的出仕或隐居，并不取决于自己的意志，而是以天下是否有道、时局是否清明来决定的。如果天下有道，政治清明，士人务必出仕，建立功业，否则自己穷困潦倒，那是耻辱；相反，天下无道，政治混乱，士人应该隐退不仕，如果再做官取得富贵，浑水摸鱼，那也是非常可耻的。在《论语·公冶长》篇，孔子举了宁武子“有道则见，无道则隐”的例子，赞扬他的明智：“宁武子，邦有道，则知；邦无道，则愚。其知可及也，其愚不可及也。”③ 在《论语·卫灵公》篇，孔子称赞“有道则见，无道则隐”的蘧伯玉为君子：“君子哉蘧伯玉！邦有道则仕，邦无道则可卷而怀之。”④

儒家另一位代表人物孟子的隐逸观，则对孔子的隐逸思想有所补充。《孟子·滕文公下》说：“居天下之广居，立天下之正位，行天下之大道，得志与民由之，不得志独行其道，富贵不能淫，贫贱不能移，

---

① 杨伯峻. 论语译注［M］. 北京：中华书局，1980：82.
② 杨伯峻. 论语译注［M］. 北京：中华书局，1980：145.
③ 杨伯峻. 论语译注［M］. 北京：中华书局，1980：50.
④ 杨伯峻. 论语译注［M］. 北京：中华书局，1980：163.

威武不能屈，此之谓大丈夫。"①《孟子·尽心上》也说："故士穷不失义，达不离道。穷不失义，故士得己焉；达不离道，故民不失望焉。古之人得志泽加于民，不得志修身见于世，穷则独善其身，达则兼善天下。"② 这两段话是孟子仕隐思想的重要表述，分别都提到了"得志"与"不得志"两个词语。很明显，孟子把隐居的前提由孔子的"天下无道"换成了个人的"不得志"，尽管其隐居都是迫不得已的，但已经有了很大不同，因为孟子从孔子重视社会的治乱向重视个人情感的方向转化了。如果说孔子的隐逸思想主要是从宏观角度加以论述的，那么孟子就主要是从微观（个体）角度做了总结，并且洋溢着高度的人格力量，这主要体现在前一段话他对充满浩然之气的"大丈夫"概念的论述上面。尤其后段话这两句"穷则独善其身，达则兼善天下"，更是孟子隐逸思想的纲领，也是对儒家隐逸思想的经典概括，充分表现了儒家在仕隐选择上的自由原则，成为后代大多数文人为人处世的准则。

当然，至于天下是否"有道"以及个人是否"得志"的问题，那是因人而异、因时而异的，并且带有很大的主观性。可以看出，在孔、孟的隐逸思想中，隐居仅仅是一种手段，是暂时的权宜之计，如果条件许可，有出仕的机会，仍然要脱隐而出，做一番事业的。故此，笔者把儒家的隐逸思想概括为手段式的待时之隐。考察孔子、孟子的思想与生平，有的人认为他们是隐者，并且是隐于学问的典型；而有的人则不以为然，认为他们始终怀抱积极入世的政治理想，以建功立业为人生的第

① 〔清〕焦循撰、沈文倬点校．孟子正义［M］．北京：中华书局，1987：419.

② 〔清〕焦循撰、沈文倬点校．孟子正义［M］．北京：中华书局，1987：890~891.

一追求，所以他们根本不能算是隐士。但是笔者以为，孔子、孟子算不算隐士都不重要，重要的是在儒家思想作为国家统治思想的中国古代，自秦以后二千多年的封建社会里，文人学士们的举止言行莫不“原道”“征圣”“宗经”，作为“至圣”的孔子、“亚圣”的孟子，他们在儒家经典《论语》《孟子》中有关隐逸思想的论述，都具有强烈的垂范作用，故而他们这种手段式的待时之隐对后代产生了深远的影响。如三国时期的诸葛亮、东晋的谢安、唐代的大诗人李白等，都是自觉实践儒家隐逸观的典型。

二、道家目的式的适性之隐

与儒家大师孔子、孟子相比，先秦道家的代表人物老子、庄子更与隐逸思想密不可分。不但他们的学术思想与隐逸精神在本质上是相通的，而且他们的人生行为更典型地体现了隐士的风范，是真正言行合一的人物。在后人的记载中，老、庄都是典型的隐士。何鸣认为：“老子是隐逸文化之祖，庄子则是隐逸文化的灵魂。”① 正是看到了老、庄对隐逸文化的巨大影响。老子“无为”“不争”的思想，为隐逸文化提供了理论上的依据。据笔者考察，《老子》一书，至少有九章直接提到“无为”二字，它们的含义大致相同，主要指顺应自然，不求有所作为。此外，与“无为”同义的话语在《老子》中还多次出现。这种“无为”的思想理论，无疑是后世归隐者的哲学思想基础。当然，我们也不能忽视老子“无为”思想的另一面：他的“无为”是为了“有

① 何鸣. 遁世与逍遥：中国隐逸简史［M］. 兰州：敦煌文艺出版社，2006：31.

为”而言的，“无为”才能“无不为”，无为而治，方能够天下大治，“夫唯不争，故天下莫能与之争”①。也就是说，老子告诉人们的不仅仅是无为、不争，而是要达到无为无不为，不争而争、天下莫能与之争的境界。尽管老子说得非常明白，但是其学说对后人的影响，还主要是前半截“无为”；即使要达到“无不为”，其手段仍然是“无为”；即使达到了“无不为”，最终还是要“无为”。老子说：“持而盈之，不若其以。揣而锐之，不可长保。金玉满堂，莫之能守。富贵而骄，自遗其咎。功成、名遂、身退，天之道。”② 功成名就了，富贵富有了，金玉满堂了，就要赶快遵循上天的指示“身退”，去隐居，否则就会“自遗其咎”。老子的这种“无为”“不争”学说为隐逸文化提供了哲学上的依据。

与老子并称的庄子也是一个典型的隐士。作为道家的代表人物，他们都讲“道”，讲自然而然，事物本性不可违背，但是老子讲“无为”“无不为”，并不否定事物有对立的两面，而庄子则用“齐物”的理论消灭世间事物的差别，追求不受任何限制的绝对自由的“逍遥游”境界。在庄子看来，事物不分彼此，没有是非，这就是庄子的方法论——齐物论。带着这个方法论，庄子追求人生彻底的自由境界，那就是“逍遥游”。《庄子》一书多次用实证的方法提及这种逍遥游的人生境界。试举几例如下：“藐姑射之山，有神人居焉，肌肤若冰雪，淖约若处子。不食五谷，吸风饮露，乘云气，御飞龙，而游乎四海之外。”③

---

① 朱谦之. 老子校释［M］. 北京：中华书局，1984：93.

② 朱谦之. 老子校释［M］. 北京：中华书局，1984：33～35.

③ 〔清〕郭庆藩撰，王孝鱼点校. 庄子集释［M］. 北京：中华书局，1961：28.

"至人神矣！大泽焚而不能热，河汉沍而不能寒，疾雷破山、飘风振海而不能惊。若然者，乘云气，骑日月，而游乎四海之外。"① "至德者，火弗能热，水弗能溺，寒暑弗能害，禽兽弗能贼。"② "至人潜行不窒，蹈火不热，行乎万物之上而不慄。"③ "夫至人者，上窥青天，下潜黄泉，挥斥八极，神气不变。"④ 庄子所描写"神人""至人"的这种"独与天地精神往来而不敖倪于万物"（《庄子·天下》）的境界，充满了理想化的神仙气息，也为后代文人描绘神仙、隐士的游仙活动，提供了蓝本。庄子的意义，正在否定了现实社会后，能够展现出一个无比美好的境界，让人们去追求、去期待。

如果说老子的"无为""不争"学说是隐逸思想的哲学基础，那么庄子的"逍遥游"就是在此基础之上对完美隐逸生活的浪漫概括。只有前者，显得非常笼统而枯燥；只有后者，又显得过于理想而虚幻。两者结合，就能完整地看到道家思想对隐逸精神的深刻影响。在老、庄尤其庄子这里，归隐成了人们追求的理想境界，是人生的归宿，因而是完全主动的，人间不值得留恋，更不必"欲说还休"。所以从表面看，老、庄的隐逸性格比孔、孟更为突出，这也使得后世人们常常把隐逸精神与老子、庄子联系在一起。言隐逸，必谈老、庄；说老、庄，也必论

① 〔清〕郭庆藩撰，王孝鱼点校. 庄子集释［M］. 北京：中华书局，1961：96.

② 〔清〕郭庆藩撰，王孝鱼点校. 庄子集释［M］. 北京：中华书局，1961：588.

③ 〔清〕郭庆藩撰，王孝鱼点校. 庄子集释［M］. 北京：中华书局，1961：633.

④ 〔清〕郭庆藩撰，王孝鱼点校. 庄子集释［M］. 北京：中华书局，1961：725.

隐逸。故此，笔者把道家的隐逸思想和受到道家思想影响的隐士概括为目的式的适性之隐，如老子、庄子、陶渊明等。

三、佛家超脱红尘的方外之隐

佛教是一种外来文化形态，远不如儒、道两家同隐逸文化发生关系为早。但是佛教思想自从汉代传入中国之后，就逐渐融入了固有的文化传统之中，成为中华文明重要的精神资源之一。佛教主张“众生平等”，宣扬“色空”思想，不但要完全超越世俗的功名利禄，摒弃物质上的一切欲望，放弃亲情等人的世俗情感，而且还要求精神上的自由、解脱，达到心灵上的无拘无束。从这个角度而言，佛家思想是一种典型的逃离世俗红尘的出世思想。①

佛教思想与隐逸思想具有很大程度的相似性。首先，从精神本质上考察，佛家思想与道家思想一样，也是一种出世思想，讲究出离俗世之菩提道心，这与隐逸文化是相通的。例如佛教宣扬的舍离思想，就是舍弃一切污染，远离一切烦恼，表示对现实世界的摒弃，对极乐世界的向往。隐逸文化也注重对世俗价值的疏离、扬弃，对现世功名富贵的鄙薄，要求远离人世尘嚣的烦恼、诱惑。其次，从生活方式看，佛教教徒的修行，原本就远离尘嚣，栖居于深山老林或宁静的寺庙之中，过着远离世俗清静而单纯的修行生活，后来的僧人亦大多过着青灯古佛的枯寂生活，以单调的木鱼声净化心灵。这与隐士隐居山林的生活非常相似，古代典籍中记载的隐士大多居住在清幽的山林之中，与世人断绝交往或

① 有人认为佛家主张度脱世人，要求人们诸恶莫作、众善奉行、自净其意，乃是以出世的精神干入世的事业。可供参考。

交往很少，生活在贫困线以下。再次，佛教有不少清规戒律，如禁欲、吃斋、不杀生等，遵循这些戒律的信徒，过着清贫的宗教生活。很多隐士的生活与之也很相似，他们主张顺应自然万物的本性，限制自己的欲望，过着苦行僧似的生活。正因如此，很多隐士自觉接受了佛教教义，不娶妻，不生子，抛却室家之累，布衣蔬食，远离尘世的喧嚣，追求安宁、平和的僧侣似的生活。

实际上，我国古今学人也是一直把出家向佛的僧人与修道的道士都视作隐士。《南史·隐逸传》把佛教信徒附在《隐逸传》中，简直把佛教僧人与隐士融为一体，不再区分。东晋高僧慧远也认为："出家则是方外之宾，迹绝于物。"（慧远《沙门不敬王者论·出家二》）把僧人当作方外之人，他甚至还以为出家是隐居求志："若复开出处之迹，以弘方外之道，则虚襟者挹其遗风，漱流者味其余津矣。"（慧远《答桓玄书》）明代的张三丰在分析隐居的方式时，曾说："一隐于文章道学，嘉遁不出者，书曰：'处士'，重纯儒也；一隐于泉石风流，乐志不移者，书曰：'逸士'，重隐贞也；一隐于世治时变，解官不仕者，书曰：'达士'，重明哲也；一隐于玄门净土，名利不贪者，书曰：'居士'，重清修也。"（《张三丰全集》卷六《隐鉴》）这里，张三丰明确把"不贪名利""隐于玄门净土"的出家人当成隐士的一大类别，并点明其特点是重视修行。现当代学者姜亮夫在《中国文士阶级的类型》一文中，首先把把隐士分为逸士与修士两大类，逸士举了阮籍、嵇康、刘伶、陶潜为例。其中修士再分为僧道与准僧道，僧道举了鸠摩罗什和玄奘大师为例，准僧道举了郭璞、郭弘、陶弘景、林逋为例。韩兆琦把隐士分为七种类型：节士型、道德型、学者型、和尚道士型、才士型、懒散放诞型、干略型。① 由此可见，古今学者多把和尚、道士当作隐士来看待。

总之，正是因为佛家思想与隐逸文化有很大程度的相似性，所以古今学人才把出家僧人当作隐士来看待。比较而言，以孔、孟为代表的儒家手段式的待时之隐，只是为了摆脱现实黑暗的政治生活或者个人的不得志，如果让他们选择，他们绝对不会放弃现世的社会，更不会自绝于功名富贵。以老、庄为代表的道家目的式的适性之隐，则表现为主动舍弃现世的功名利禄，更为重视个体精神上的彻底自由，无拘无束。而佛家之隐与道家更为接近，他们不但要完全超越世俗的功名利禄，摒弃物质上的一切欲望，放弃亲情等人的世俗情感，而且还要求精神上的自由、解脱，达到心灵上的无拘无束、无牵无累，比儒、道之隐走得更远。故此，笔者把佛家的隐逸思想和受到佛家思想影响的隐士概括为超脱红尘的方外之隐，如唐代的寒山、王维等人。

四、墨家兴利除害的侠士之隐

虽然墨家思想与儒家思想一样，在主流上都属于入世思想。但是却不能否认由墨子所开创的墨家学派，也对隐逸文化有着深远的影响。墨家人物任侠使气，仗义执言，因此“墨子之门多勇士”（陆贾《新语·思务》），注定了墨家门人的崇侠尚武。而“墨子服役百八十人，皆可使赴火蹈刃，死不旋踵”（《淮南子》卷二十《泰族训》），则注明了墨家幻想人格的侠肝义胆。墨家思想直接影响并形成了后世的侠士与侠文化，并进而影响隐士文化，形成了许多亦侠亦隐者。

---

① 韩兆琦. 中国古代的隐［M］. 北京：商务印书馆国际有限公司，1996：25～34.

作为墨家的首任“巨子”，墨子在后人心目中是一个具有大侠风范的人物。他仁慈博爱，主张“兼爱”“非攻”；他崇尚公平正义，主张“尚贤”“尚同”；他节约简朴，主张“节用”“节葬”。他时常参加劳动，接近劳动人民，同情人民疾苦，指出民有三患：“饥者不得食，寒者不得衣，劳者不得息。三者，民之巨患也。”① 他有着崇高的社会理想，希望国人能够“兼相爱、交相利”，希望“国与国不相攻，家与家不相乱，盗贼无有，君臣父子皆能孝慈，若此，则天下治”②。但是在诸侯纷争的战国时代，墨子的理想注定是难以实现的。各诸侯国战争不断，社会动荡不安，生灵涂炭，饿殍遍野。为了自己美好的理想，怀抱着“为万民兴利除害，富贵贫寡，安危治乱”③ 的伟大抱负，墨子及其门人都能不计私利，不求回报，路见不平，见义勇为，如《墨子·公输》篇记载的救宋故事就是如此。墨子万分辛苦地救宋后，宋国人根本还不知道，甚至不让他进城避雨，但是墨子也不加分辩，更不屑于去辩解，而是“事了拂衣去，深藏身与名”（李白《侠客行》），冒雨扬长而去。在这里，我们看到了隐士的高致！是否墨子就此隐居了，我们不得而知。但是我们知道，墨子最后选择了隐退。墨子，既是一个兴利除害的有着仁爱之心的侠士，又是一个淡泊名利、不求闻达的隐者，堪称侠隐之祖。

由墨子开创的兴利除害的侠士之隐，由战国时期的鲁仲连发扬光

---

① 〔清〕毕沅校注，吴旭民标点. 墨子［M］. 上海：上海古籍出版社，1995：116.

② 〔清〕毕沅校注，吴旭民标点. 墨子［M］. 上海：上海古籍出版社，1995：51.

③ 〔清〕毕沅校注，吴旭民标点. 墨子［M］. 上海：上海古籍出版社，1995：43.

大，并对后代的隐逸文化与侠文化都产生了深远的影响。鲁仲连“却秦振英声”，有真才实学；又“意轻千金赠，顾向平原笑”（李白《古风》其十），有隐士的高洁情怀。难怪大诗人李白都衷心服膺，慨叹：“吾亦澹荡人，拂衣可同调。”（李白《古风》其十）隐逸文化与侠文化相结合，产生的就是侠士与隐士的结合体，简称侠隐。侠隐之士层出不穷，我们仅以当今最有影响力、最受读者欢迎的武侠小说大师金庸为例来说明。在金庸影响最大的武侠小说中，大部分的主人公都有隐逸情结，或者最后选择了归隐，由此可见侠隐的影响之大。金庸在《笑傲江湖·后记》中这样评说该书的男女主人公：“令狐冲是天生的‘隐士’，对权力没有兴趣。盈盈也是‘隐士’，她对江湖豪士有生杀大权，却宁可在洛阳隐居陋巷，琴箫自娱。她生命中只重视个人的自由，个性的舒展。惟一重要的只是爱情。令狐冲不是大侠，是陶潜那样追求自由和个性解放的隐士。风清扬是心灰意懒、惭愧懊丧而退隐。令狐冲却是天生的不受羁勒。”① 不但《笑傲江湖》中的令狐冲和盈盈是侠隐，金庸其他武侠小说的主人公也多是侠隐。“塞上牛羊空许约”，是萧峰和阿朱隐士之梦的破碎。（见《天龙八部》）“神雕侠侣，绝迹江湖”，是杨过和小龙女隐士之梦的实现。（见《神雕侠侣》）“空负安邦志，还唱去国吟”，袁承志和青青离开了喧嚣的中土，远去渤泥国，这算是孔子式的“浮于海”吧。（见《碧血剑》）放弃了宝藏的狄云，与等待他的水笙在雪山会合，过起了属于他们的隐居生活。（见《连城诀》）不适合做首领的张无忌，也在朱元璋的计谋下悄然隐退。（见《倚天屠龙记》）最后发出“老子不干了，老子不干了”的韦小宝，

① 金庸．笑傲江湖·后记［M］．济南：山东文艺出版社，1994.

亦可看作被动的避世隐居。（见《鹿鼎记》）隐逸文化与隐士精神，充盈在金庸武侠小说的字里行间；金庸笔下的侠士们，大多具有浓厚的隐士气息。

像墨子、鲁仲连这样既有儒家胸怀韬略、志在天下的雄心，又有道家逍遥于天地之外的隐逸思想，更有墨学的任侠仗义之风，且能够在历史的关键时刻挺身而出，扶大厦于将倾，挽狂澜于既倒，建立一番功业，又能够功成身退，保全自身的情况下悄然销声匿迹，实在是潇洒至极！在中国文人的心目中，恐怕多多少少都有一个侠隐之梦吧。

第三论　隐士家世、从政考略

隐逸文化是我国古代特殊的文化现象，是相对于主流仕宦文化而言的一种边缘文化，为我国传统文化的重要组成部分。隐士是隐逸文化的主体，也是隐逸文化主要的承载者和践行者，集中体现了非常丰厚的文化内涵。隐士虽是我国古代社会的边缘人，但作为一个特殊的社会阶层，曾受到历代统治者的重视甚至褒扬，也对我国古代的政治、文化、文学、艺术以及文人精神、心理都产生过重大影响。讨论隐士，相对于嵇康《圣贤高士传》、皇甫谧《高士传》等私人撰述而言，一般认为还是正史的记载更为可信，也更有说服力。鉴于此，为了更好理解古代隐士，更深入地解读中国传统文化，笔者把“二十六史”设立的隐士传作为考察对象，来探析隐士家世及其与政治的密切关系。

一、隐士家世、从政考

正史隐士传记载隐士家世、从政一览表

史书名称	卷数·隐士传名称	录隐士数	父、祖辈曾做官、做隐士或家境富有	本人曾从政或直接向帝王进言	前两者至少有其一
史记	卷61·伯夷列传	2	2	2	2
汉书	卷72·王贡两龚鲍传	6	1	4	5
后汉书	卷83·逸民列传	18	6	6	10
晋书	卷94·隐逸列传	38	15	12	21
宋书	卷93·隐逸列传	17－1①=16	14－1＝13	5－1＝4	16－1=15
南齐书	卷54·高逸列传	12	9	4	12
梁书	卷51·处士列传	13	9	4	10
魏书	卷90·逸士列传	4	3	0	3
南史	卷75、76·隐逸列传	46－30=16	26－21＝5	10－6＝4	31－25=6
北史	卷88·隐逸列传	7－3＝4	5－3＝2	2	5－2＝3
隋书	卷77·隐逸列传	5－4＝1	4－3＝1	3－2＝1	4－3＝1
旧唐书	卷192·隐逸列传	21	10	19	19
新唐书	卷196·隐逸列传	25－15=5	10－7＝3	20－12＝8	20－12=8
新五代史	卷34·一行传	5	1	3	3
宋史	卷457～459·隐逸列传	43	12	24	31

① 为避免重复，减去的数字是前面正史中已出现过的隐士数。下文同。

续表

史书名称	卷数・隐士传名称	录隐士数	父、祖辈曾做官、做隐士或家境富有	本人曾从政或直接向帝王进言	前两者至少有其一
辽史	卷106・卓行列传	3	3	2	3
金史	卷127・隐逸列传	12	3	2	5
元史	卷199・隐逸列传	9	3	4	5
新元史	卷241・隐逸列传	20 - 3 = 17	7 - 1 = 6	7 - 2 = 5	11 - 2 = 9
明史	卷298・隐逸列传	12	3	0	3
清史稿	卷500、501・遗逸列传	54	12	27	34
21种正史	21篇隐士传	311名隐士	122（39.2%）	137（44.1%）	208（66.9%）

由上表可知，“二十六史”中共有二十一种正史专门设立隐士传记载隐士们的生平事迹，并给予表彰。其中，《史记》卷六十一《伯夷列传》和《汉书》卷七十二《王贡两龚鲍传》的前半部分，均是雏形的隐士传。《后汉书》及其以后的十八种正史，均设有明确的成熟的隐士传。虽然在不同的正史中，隐士传的名称并不完全一致（详见上表）。但作为隐士传，记载隐士的功用没有本质区别。二十一篇隐士传记载了311名隐士，其中：父、祖辈曾做过官或做过隐士或家境富有的隐士有122人，占了总数的39.2%；本人曾做过官、或直接向帝王进言的隐士有137人，占了总数的44.1%；而父、祖辈曾做过官、做过隐士或家境富有的，本人曾做过官、或直接向帝王进言的隐士有208人，占了总数的66.9%。

二、隐士家世、从政论析

（一）家庭背景对隐士的重要性。隐士不易做，做隐士需要家族的强力支持。鲁迅先生曾把隐士界定为一种生活道路，或者一种与做官相对应的“职业”，他在《且介亭杂文二集·隐士》一文中说：“登仕，是啖饭之道，归隐，也是啖饭之道。假使无法啖饭，那就连‘隐’也隐不成了。”① 既然是一种谋生的“职业”，当然会由此获得些实际利益：“可见‘隐’总和享福有些相关，至少是不必十分挣扎谋生，颇有悠闲的余裕。”② 既然做隐士能够“和享福有些相关”，自然会有不少人想要努力得到，自然也就会有竞争。鲁迅先生也曾论述了做隐士的不易：“汉唐以来，实际上是入仕并不算鄙，隐居也不算高，而且也不算穷，必须欲‘隐’而不得，这才看作士人的末路。唐末有一位诗人左偃，自述他悲惨的境遇道：‘谋隐谋官两无成’，是用七个字道破了所谓‘隐’的秘密的。”③ 像左偃那样“谋隐谋官两无成”，做官做不成，做隐士不可得，的确是一个最为悲惨的士人了。为什么做隐士也是如此之难？上文对隐士家世考证的数据证明了这一点。在正史隐士传记载的311名隐士中，父、祖辈曾做过官、或做过隐士或家境富有的隐士就有122人，占了总数的39.2%。这还是就整体而言的。在门阀制度盛行、世族与庶族森严对立的魏晋南北朝时期，重视门第的风气也在隐士们的身上体现得淋漓尽致。《晋书》的这一数据是39.5%，《宋书》是

---

① 朱正校注．新版鲁迅杂文集［M］．杭州：浙江人民出版社，2002：185.
② 朱正校注．新版鲁迅杂文集［M］．杭州：浙江人民出版社，2002：186.
③ 朱正校注．新版鲁迅杂文集［M］．杭州：浙江人民出版社，2002：185～186.

82.4%，《南齐书》是75%，《梁书》是69.2%，《魏书》是75%，《南史》是56.5%，《北史》是71.4%，《隋书》是80%。除了《晋书》，这些正史隐士传的这一数据都超过50%，甚至有的达到80%以上。可以看出，做隐士是需要家族强有力的支持的。一个没有背景的穷小子，想做隐士谈何容易！在以儒家思想为主导、重视血缘、家族亲情的中国古代社会，其实并不奇怪。即使今天，我们仍能强烈感受到，家庭背景对一个人的成长和发展，仍然具有不可忽视的重要影响。

（二）政治对隐士的重要性。隐士离不开政治，大多数隐士和政治密切相连。韩兆琦《中国古代的隐士》一书是这样对隐士定义的："隐士是与官僚相对而言的，它的含义是说，这个人本来有道德、有才干，原是个做官的材料，但是由于某种客观或主观的原因，他没有进入官场；或者是本来做官做得好好的，后来由于某种客观或主观的原因而离开官场，找个什么地方'隐'起来了，这就叫'隐士'。"① 高敏《中国历代隐士·序言》对隐士的定义和韩兆琦差不多："本文所论的'隐士'，是对我国古代社会里凡具有为官作吏条件的士人而不愿为官作吏者的总称。"② 纳兰秋《隐士大风流·作者序》认为："简单地说，有才能、有学问、能够做官而不去做并且具有较高声望的人，才叫'隐士'。"③ 虽然他们的定义都不非常准确，不能涵盖历史上所有的隐士。因为他们都不约而同地把不仕看作隐士的前提条件，但实际隐士本身的情况非常复杂，有"为官作吏条件"而"过隐居生活、不做官"的士人肯定是隐士，这毫无疑问，问题是中国历史上还有亦仕亦隐如东方

① 韩兆琦. 中国古代的隐士［M］. 北京：商务印书馆，1996：1.
② 高敏. 中国历代隐士［M］. 郑州：河南人民出版社，1994：2.
③ 纳兰秋. 隐士大风流［M］. 南宁：广西人民出版社，2007：1.

朔、王维、白居易等人，东方朔是“朝隐”之祖，王维是“隐吏”，白居易倡导“中隐”，虽然他们终生未离官场，但古今不少学者还是把他们当作隐士的。尽管如此，前面几位学者的定义还是基本上把中国历史上隐士这一特殊阶层给概括出来了，并揭示了一个基本事实：隐士和政治密切相连。隐士不但必须具备“为官作吏条件”，同时还直接参与现实的政治生活中去。上文提及，在正史隐士传记载的311名隐士中，本人曾做过官或直接向帝王进言的隐士有137人，占了总数的44.1%。而在“入仕不算鄙，隐居也不算高”的唐宋时代，这一数据更高。《隋书》是60%，《旧唐书》是90.5%，《新唐书》是80%，《新五代史》是60%，《宋史》是55.8%，《辽史》是66.7%。都超过了50%，有的甚至高达90%以上。作为古代社会的一群边缘人，隐士们不甘寂寞，他们努力向主流仕宦文化靠拢，并希望得到当局的认可，最好是能像东方朔、王维、白居易等一样亦官亦隐。那样既可获得实利以养家糊口，也可得到高名而显示清高。总之，隐士与政治密不可分，不了解古代政治，就不能透彻地理解隐士群体。

（三）隐士队伍的复杂性。中国古代有成千上万的隐士，有些可信，有些是文人故意编造出来的，难以据此进行量化分析。而“二十六史”隐士传所记载的隐士，既真实可信，数量又不是太多，给我们提供了最好的研究样本。通过考察，我们知道，在正史隐士传记载的311名隐士中，父、祖辈曾做过官、做过隐士或家境富有的，本人曾做过官或直接向帝王进言的隐士有208人，占了总数的66.9%。也就是说，有三分之二的隐士，要么有较为优越的家庭背景，要么参与过现实的政治生活。所以，笔者认为隐士这个特殊的社会阶层，主体上应该属于统治阶级、剥削阶级的范畴，这正是其阶级属性。但这只是问题的一方面，另一方面，隐士又不同于统治阶级中的当权派。他们是士人中不愿做官为吏的一部分，是淡泊名利的那些人，甚至有些隐士的生活相当贫困，他们非常了解人民生活的困苦，能够代表劳动人民的意愿。如汉代隐士梁鸿创作《五噫歌》，“是因为路过洛阳，看到帝王宫室的富丽，感叹人民的劳苦，遂作《五噫》，对当时的现实表示愤慨。章帝读后，甚为不满，梁鸿只得改名换姓，隐居齐鲁。”① 陶渊明归耕田园之后，生活艰辛，所创作的《乞食诗》《庚戌岁九月中于西田获早稻》《怨诗楚调示庞主簿邓治中》等诗，也颇能反映当时下层劳动人民的生活现状，体现劳动人民的情感诉求。诚如高敏在《中国历代隐士·序言》所说：“他们既无炙手可灼的权势，又无高官厚禄的官品，徒有超世绝俗的空名，实质上在政治上属于庶民、平民或白衣；有些隐逸之士基于隐逸的原因的不同，还可能是封建统治阶级当权派的反对派或不合作者……以致某些隐士比较了解劳动人民的疾苦，往往能够发出一些体现劳动人民需求与意愿的呼声，甚至有接近劳动人民的思想倾向。”② 综上可知，隐士的队伍是非常复杂的。主体上应该归入统治阶级、剥削阶级的范畴，还有一小部分当属于庶民。

最后，需要说明的是，笔者考察的仅是“二十六史”隐士传所记载的隐士，所持观点只对正史隐士有效。至于是否适用于中国古代所有的隐士，则需要进行更加深入的探讨，但那已超出了本书的研究范围。

---

① 刘大杰. 中国文学发展史（第一册）［M］. 上海：上海人民出版社，1973：197.

② 高敏. 中国历代隐士［M］. 郑州：河南人民出版社，1994：7.

第四论　隐士的符号解读与误读

符号（Mark，Symbol）是社会文化信息的载体。符号学（Semiotics 或 Semiology）广义上说是研究符号传意的人文科学，它是涵盖了所有涉及文字符、讯号符、密码、古文明记号、手语的科学，可谓最古老的文化形态与哲学浓缩的结晶。中国历史上下几千年，大量社会现象和文化现象都是符号形成与展示的过程。以汉字为“载体”的文化典籍所蕴含的符号学的意义，其味无穷，其韵不匮。当然，“符号”的定义不仅是一种“记号”“象征”“征兆”，而且其背后和内核都蕴藏着尚待挖掘的大量信息。日本学者池上嘉彦在其《符号学入门》中说：“‘符号’不过是某种事物的代号而已。但实际上它的真正意义所在，是采用一一对应的方式，把一个复杂的事物用简便的形式表现出来。”① 林方直在其《红楼梦符号解读》中也说：“自在自为之物不成其为符号，但当它在特定的地点、心境下联感于它，它就经久性地记录了该时间、地点、条件心境的信息，它就有了意指对象，于是就成了符号。”②

“隐士”作为中国古代特殊的社会阶层，从传说中的尧舜禹时代就已经出现了，其历史非常悠久。正如张南《隐士生涯·前言》所说：“隐士的历史几乎与中国古代历史一样悠久。在传说的尧舜时代，就出现了许由、巢父等不愿担任公职的隐士，由此而下，中国古代的隐士层

---

① 池上嘉彦. 符号学入门［M］. 北京：国际文化出版公司，1985：2.
② 林方直. 红楼梦符号解读［M］. 呼和浩特：内蒙古大学出版社，1996：2.

出不穷。其中有事迹可考者在数千人以上。”① 正是由于隐士们的存在，才形成了我国独具特色的隐逸文化。隐士是隐逸文化的主体，也是隐逸文化主要的承载者和践行者，其浓缩了非常丰富的文化内涵。在这个意义上而言，隐士也可被看作一种符号。隐士作为符号，其意义非常丰富。笔者从以下三个方面来解读隐士的符号学意义，并简析人们的误解。

其一，从隐士概念的定义来看，隐士作为符号，代表了淡泊名利的不仕者。他们不事王侯，高尚其事，拒绝参与现世的社会政治活动，超越世俗名利之上，过着自由自在的平民生活，独立、自尊而清高。其实这是有一定误解的。先看学者们对隐士这个概念的界定，如韩兆琦以为：“隐士是与官僚相对而言的，它的含义是说，这个人本来有道德、有才干，原是个做官的材料，但是由于某种客观或主观的原因，他没有进入官场；或者是本来做官做得好好的，后来由于某种客观或主观的原因而离开官场，找个什么地方‘隐’起来了，这就叫隐士。”② 张南认为：“隐士，指的是中国古代社会中过隐居生活、不做官的人。……隐士也可以说是古代隐居不仕的知识分子，是中国古代知识分子的一个重要组成部分。”③ 纳兰秋以为：“简单地说，有才能、有学问、能够做官而不去做并且具有较高声望的人，才叫隐士。”④ 以上几个定义都有一定道理，尤其韩先生的定义基本上把中国历史上隐士这一特殊阶层给概括出来了。但客观来说，这几个定义都不是十分地科学。因为他们都不

① 张南．隐士生涯［M］．桂林：广西师范大学出版社，1998：2.
② 韩兆琦．中国古代的隐士［M］．北京：商务印书馆，1996：1.
③ 张南．隐士生涯［M］．桂林：广西师范大学出版社，1998：1.
④ 纳兰秋．隐士大风流［M］．南宁：广西人民出版社，2007：1.

约而同地把不仕看作隐士的前提条件，其实这是一种误解，因为并非所有隐士都是如此。隐士本身的情况非常复杂，隐逸文化发展到汉魏六朝隋唐时代，就已经与先秦时期的隐士有了很大的不同，例如出现了朝隐、大隐、吏隐、中隐等隐士类型。一般认为朝隐、大隐、吏隐、中隐等概念含义大致相同，指既做官又当隐士的士人，即后人常说的亦官亦隐者。结合这些隐士类型，来分析上面对隐士概念的定义。笔者以为，有“为官作吏条件”而“过隐居生活、不做官”的士人肯定是隐士，这毫无疑问；问题是，如果先仕后隐是隐士，如陶渊明、王绩等，而先隐后仕如姜尚、诸葛亮等人，或者屡隐屡仕如李泌、刘伯温等人，或者亦仕亦隐如东方朔、王维、白居易等人，算不算隐士？其实不少学者也把他们当作隐士的。如张南编著《隐士生涯》（广西师范大学出版社 1998 年版）共选了 15 位隐士，就包括了诸葛亮、王维、李泌、刘伯温等人；陈国光等人编著的《闲话隐士》（湖北人民出版社 2000 年版）一书，也把姜尚、诸葛亮、刘伯温等人当作隐士。既然先隐后仕者和亦仕亦隐者也都被看作隐士，那么，再说隐士就是不仕者，就值得商榷了；说隐士是淡泊名利、超越世俗的高人，当然也存在着很大的问题。

其二，从隐士的社会功用来看，作为符号的隐士，人们大多看到其对社会激贪励俗的积极促进作用，对维护社会稳定的有利因素，而很少论及隐士对社会的消极意义，对现有统治秩序的破坏作用。这也存在着一定的偏见。从皇甫谧开始，人们就一直把隐士作为社会的一面明镜，赞扬隐士对社会激贪励俗的积极促进作用。皇甫谧《高士传·序》认为："然则高让之士，王政所先，厉浊激贪之务也。"① 受此影响，后代正史的编撰者也多如此立论。《晋书·隐逸传序》认为："自典午运开，旁求隐逸，谯元彦之杜绝人事，江思悛之啸咏林薮，峻其贞白之轨，成其出尘之迹，虽不应其嘉招，亦足激其贪竞。"《宋书·隐逸传序》说："若乃高尚之与作者，三避之与幽人，及逸民隐居，皆独往之称，虽复汉阴之氏不传，河上之名不显，莫不激贪厉俗，秉自异之姿，犹负揭日月，鸣建鼓而趋也。"《旧唐书·隐逸传序》说："前代贲丘园，招隐逸，所以重贞退之节，息贪竞之风。"实际上，隐士对现实社会秩序的消极影响也是非常大的。早在皇甫谧几百年前的韩非子就认识到隐士是国家的"无益之臣"，有他们存在，就无法贯彻推行赏罚制度，因此隐士对社会毫无益处，应该杀掉："古有伯夷、叔齐者，武王让以天下而弗受，二人饿死首阳之陵。若此臣，不畏重诛，不利重赏，不可以罚禁也，不可以赏使也，此之谓无益之臣也。吾所少而去也，而世主之所多而求也。"② 在《韩非子·外储说右上》篇，韩非子更是虚构了齐国东海上狂矞、华士两个隐士，他们"不臣天子，不友诸侯，耕作而食之，掘井而饮之，吾无求于人也。无上之名，无君之禄，不事仕而事力"③。太公望到了齐国，第一件事就是诛杀他们。因为狂矞、华士二位隐士摆出一种不与统治阶级合作的消极态度，这就非常不利于他的统治。出于稳固统治的需要，狂矞、华士就不得不成了牺牲品。东汉范升曾经上书汉光武帝，认为以周党为首的隐士们都是沽名钓誉之徒，根本没有治理

① 〔晋〕皇甫谧撰，刘晓东校点. 高士传［M］. 沈阳：辽宁教育出版社，1998：1.

② 任峻华注释. 韩非子［M］. 北京：华夏出版社，2000：72.

③ 任峻华注释. 韩非子［M］. 北京：华夏出版社，2000：232.

国家的真实才能："臣闻尧不须许由、巢父，而建号天下；周不待伯夷、叔齐，而王道以成……党等文不能演义，武不能死君，钓采华名，庶几三公之位。臣愿与坐云台之下，考试图国之道。不如臣言，伏虚妄之罪。而敢私窃虚名，夸上求高，皆大不敬。"（《后汉书》卷八十三《逸民列传》）明太祖朱元璋也认为"寰中士大夫不为君用，是自外其教者，诛其身而籍其家，不为之过"。（《大诰》二编）① 根据《明史》卷九十三《刑法志一》记载，洪武十八年，朱元璋亲自制定的《大诰》有十条规定，其中一条是"寰中士夫不为君用，其罪至抄劄。"朱元璋运用国家行政手段，强制禁止人们去做隐士，其实质是为了加强自己的权威，奴化民众，当然他也看到了隐士对现有统治秩序的消极破坏作用。

其三，从对隐士的评价来看，肯定性的评价一边倒。与第二点相联系，因为人们大多看到其对社会激贪励俗的积极促进作用，所以一提起隐士，学者们就喝彩拍掌，大唱赞歌，把最为动听优美的词汇送给他们。其实这也和历史事实不完全一致。我们先来看看学者们的肯定性评价，蒋星煜说："隐士在中国历史上始终扮演一种最受人家喝彩拍掌的角色。"② 王晓岩、李长新说："蒋星煜在《中国隐士与中国文化》一书《简说》中说：'隐士在中国历史上始终扮演一种最受人家喝彩拍掌的角色。'这话并非夸大其辞。"③ 南怀瑾说："隐士思想，历来占据传

① 郭预衡．中国古代文学史（四）［M］．上海：上海古籍出版社，1998：3.

② 蒋星煜．中国隐士与中国文化［M］．上海：生活·读书·新知三联书店上海分店，1988：6.

③ 王晓岩，李长新．隐士传奇［M］．沈阳：辽宁人民出版社，1997：144.

统文化精神最崇高、最重要的地位，只是它如隐士的形态一样，一向采取‘遁世不见知而无闷’的隐逸方式，所以被大家轻易忽略，而容易忘记。如果强调一点来说，隐士思想，与历史上的隐士们，实际上，便是操持中国文化的幕后主要角色。”① 张南《隐士生涯·前言》说：“隐士是中国传统文化的产物。大多数隐士都表现出‘视富贵如浮云’，洁身自爱，知命达理的性格特征。这显然是受中国文化中尚谦让、行中庸、薄名利、鄙财富等特征的影响，但隐士的性格也反过来影响了中国的传统文化。隐士成为上述特征的载体，并使之绵绵不绝地流传下来。所以有人说：隐士是中国文化幕后的主角，隐士性格是左右中国文化的潜流。”② 前面提及的韩非子、范升等人认识到隐士对国家的无益，甚至要杀掉他们，自然不会对隐士喝彩。先秦儒家大师荀子也对隐士是持否定态度的，并对他们大加抨击，其《荀子·非十二子》云：“古之所谓处士者，德盛者也，能静者也，修正者也，知命者也，箸是者也。今之所谓处士者，无能而云能者也，无知而云知者也，利心无足而佯无欲者也，行伪险秽而强高言谨悫者也，以不俗为俗、离纵而跂訾者也。”“处士”指未仕或不仕的士人，今人把它作为隐士的别称。在这里，荀子借着对古代隐士的称赞，对当今的隐士进行了非常激烈的抨击，讥刺他们虚伪、虚荣，内心阴险、污秽，贪得无厌，但是表面上却高言抗俗，自命清高，对隐士的否定态度非常明确。对隐士持否定的再如民国时代蒋星煜《中国隐士与中国文化》转引陈铨主编《民族文学》创刊号上的一段话：“我们认为无论国家承平或国家危急的时候，隐士和隐

---

① 南怀瑾. 禅宗与道家［M］. 上海：复旦大学出版社，1991：144.

② 张南. 隐士生涯·前言［M］. 广西师范大学出版社，1998：1～2.

士的人生观都要不得，假使每一个国民都是独善其身的许由巢父，国家安得不危急?! 隐士和投机牟利阴险奸诈的人虽然在思想和行为上的表现各有不同，对于国家有害无利这一点则没有两样，抱入世思想的圣贤豪杰固值得馨香祷祝，又何必要求其看轻物质上的一切，隐士能够摆脱物质的欲望又有什么足取？盲目地鄙视物质是错误的，人类物质的欲望是由生理条件决定的……隐士摆脱物质的欲望，在我们看来是所谓'贼天之性'，既不高尚，也不道德。"① 陈铨认为隐士要不得，以为隐士淡泊名利，不追求物质享受是对人性的戕害，这种认识还是比较深刻的。

从上文对隐士的符号解读中，可知隐士群体及其精神思想的复杂性。故此，古代统治者对隐士采取了双重标准。但是他们尊隐和反隐的出发点是一致的，那就是是否有利于现有的统治秩序。如果他们认为隐士有利，就会尊重隐士，礼敬不仕者；反之，就会杀掉他们。那么，隐士对现有统治秩序到底是有利还是有弊？是弊大于利，还是利大于弊？笔者的答案是，隐士就像一把双刃剑，用得好了就会利大于弊，反之只能徒受其害。

第五论　以《高士传》为例解读隐士的生命意识

隐士虽然是我国古代社会的一群边缘人，但是作为一个特殊的社会

① 蒋星煜. 中国隐士与中国文化［M］. 上海：生活·读书·新知三联书店上海分店，1988：94.

阶层，他们对我国古代的政治、文化以及文人们的精神心理都产生着重大影响，也受到历代统治者的褒扬或者重视，关于此点，从前文的论述即可充分看出。隐士虽然在现代的社会结构中消失了，但是隐士的流风遗韵至今未绝，并以种种方式融化在现代人的血液中，尤其缠绕在现代知识分子的身上，发生着或显或隐的影响。故此笔者认为研究隐士精神仍然具有鲜活的现代意义，本书即以西晋皇甫谧《高士传》记载的隐士为例，来阐释隐士的生命意识。

《高士传》一书“采古今八代之士，身不屈于王公，名不耗于始终，自尧至魏，凡九十余人”① 而成，塑造了一系列高人隐士的动人形象，实际上可以看作作者皇甫谧特殊的政治宣言，表现了他对魏晋时期社会政治的批判态度。该书一出，就流传开来，并成为现存古代隐士传记类典籍中“最具有代表性与开创性的著作，也是流传至今唯一尚为完整的著作”②。对后世产生了很大影响。正是因为该书具有典型性，所以笔者以此书中的隐士为例来阐述隐士的生命意识及其对我国当前进行的社会主义精神文明建设的借鉴意义。下面详细论述之。

第一，隐士所体现的谦逊礼让、淡泊名利、知足不辱等生命意识，是中华民族的传统美德，也是现代人应该具备的，理应得到发扬光大。《高士传》记载了很多属于高士们特有的典型事例，这是其他人所没有也不可能有的行为，如让王、辞聘、辞赏、逃隐等事件，充分体现了高人隐士们的谦逊礼让、知足不辱，显示出他们的淡泊名利之情、超越流

---

① 〔晋〕皇甫谧撰，刘晓东校点. 高士传［M］. 沈阳：辽宁教育出版社，1998：序言.

② 〔晋〕皇甫谧撰，刘晓东校点. 高士传［M］. 沈阳：辽宁教育出版社，1998：出版说明.

俗的高尚节操。《高士传》记载了尧曾试图把天下让于许由、子州支父，舜曾试图让位于子州支伯、善卷、石户之农、蒲衣子，结果都遭到拒绝；至于辞聘、辞赏之事，在《高士传》里更是俯拾皆是，著名的有许由辞尧九州长，弦高辞郑穆公存国之赏，老莱子、陆通、庄周、陈仲子等辞楚王的聘任，段干木辞魏文侯相位，商山四皓远避汉高祖，严光、王霸等不仕汉光武之朝，等等。为世道人心计，隐士们这种谦退礼让、知足常乐的精神，正是正面教育民众的最佳教材，值得大力提倡。隐士们的这种精神，既可以作为一面镜子，让疯狂追逐名利的现代人从中看清自己；也可以作为一副清凉剂，冷却一下现代人狂热追求名利的头脑，从而启发他们对真正的人生价值以及终极意义进行深刻地反思与追问。

第二，隐士所具有的自由品格、独立精神、平等自尊等生命意识，是人类精神的精华所在，正是现代人所渴求的，必须予以继承发展。陈国光说："纵观三千多年来隐士们的所作所为，人们不难发现，他们不管是栖处岩壑、隐逸田园，还是漫游江湖，为僧为道，都是不愿做皇帝奴仆的人，都是渴望自由的人……他们自食其力，逍遥地走着自己的人生之路。"① 中国历史上的隐士，虽然牺牲了很多实际的利益，如权势、名位、物质享受，但是他们过得自由，生活得有尊严，能够按照自己的意愿去过自己喜欢的生活。《高士传》中的隐士们正是如此，他们绝大多数毕生都未出仕，个别人曾经做过一些小官，最终也辞官隐居，长期与长林丰草、山水田园为伴，生活清苦，形容憔悴，但是他们生活得有尊严，能够独立自主地把握自己的命运。我们可以拿《高士传》中老

---

① 陈国光. 闲话隐士［M］. 武汉：湖北人民出版社，2000：429.

莱子妻的话为证："可食以酒肉者，可随而鞭棰；可拟以官禄者，可随而鈇钺。妾不能为人所制者。"① 不做官，不拿俸禄，就不会受制于人，否则，虽然能够荣华富贵，却失去了宝贵的独立、自由。隐士们这种崇尚独立、自由的精神可以对现代人的"物化""异化"进行精神疏导，引导现代人寻找人的本身以及自我意识，把以前重视对外物的追求改向对自我的深思与反省，重视自己的内在需求与精神满足，才能够使人类在精神层面上得到真正的提升。

第三，隐士喜欢清静闲适、亲近自然的生活方式，追求平淡祥和、天人合一的情感体验，正是浮躁、喧嚣的现代人（尤其城市人）所缺乏的。《高士传》中的隐士们远离官场，长期与自然山水为伴，形成了喜欢清静闲适、亲近自然的生活方式。如巢父"山居不营世利，年老以树为巢"，许由先是"隐于沛泽之中"，后又"遁耕于中岳颍水之阳，箕山之下，终身无经天下色"，老莱子"逃世，耕于蒙山之阳"，陆通"变名易姓，游诸名山"，渔父"遂去深山，自闭匿，人莫知焉"，四皓先是"退入蓝田山"，后"共入商洛，隐地肺山，以待天下定"，严光"除为谏议大夫，不屈，乃耕于富春山"，梁鸿与妻子孟光"共入霸陵山中，以耕织为业"，等等。隐士们这种亲近山水，追求平淡祥和、天人合一的情感体验，正是浮躁、喧嚣的现代人所缺乏的。现代社会生产力的确是提高了，物质生活水平也上去了，但是人们的精神生活却出现了危机。"累"与"烦"是现代人使用频率最高的两个字，"孤独感"与"无归属感"是现代人最熟悉的情感体验。吴言生指出："今天，在

① 〔晋〕皇甫谧撰，刘晓东校点. 高士传［M］. 沈阳：辽宁教育出版社，1998：8.

盛行的对象化的思想方式所驱动的物质的大潮中，许多人萍飘梗泛，举目无亲，失去了古老的精神家园。”① 在这样浮躁、喧嚣的社会中生存，时时谈谈古代文人隐逸的话题，讲一点“出世精神”，经常走出家门，走进大自然，让处于现代高科技文明中心理焦虑的人们心中系念着一个崇高的精神境界，笔者以为都是非常必要的。

总之，了解隐士，了解隐士们的价值追求与生命意识，都可为现代人的生活提供值得借鉴的经验教训，从而在一定程度上改善现代人的生存状态，提升生活质量，促进精神文化建设。否则，“不了解隐士，不了解隐士文化史，就不能全面、深刻地认识中国社会，不能全面、深刻地认识中国的政治、文化。”② 当然也不能很好地服务现代的精神文明建设。

第六论　中国隐士精神发展简史

隐士文化作为一种历史文化积淀，一种与仕宦相对立的概念和行为，是中国古代文人士大夫保持人格独立、个体尊严的一种处世方式，是疏离乃至逃避现实社会、现实政治生活的人生哲学。隐士体现出的人文追求被称为隐士精神，作为一种精神现象，隐士精神的审美价值大于实用价值，文化意义大于现实意义。下面，笔者按照历史朝代的自然顺

---

① 吴言生．论禅宗所谓“本来面目”［J］．晋阳学刊，1999（3）．

② 许建平．山情逸魂——中国隐士心态史·引言［M］．北京：东方出版社，1999.

序，结合自己的思考心得，并借鉴何鸣《遁世与逍遥：中国隐逸简史》① 对“隐逸简史”的划分，把我国古代隐士精神的发展史分为以下七个阶段，并分别论述之。这七个阶段分别是：（1）从传说到信史——隐士精神的萌芽；（2）春秋战国——隐士精神的哲学奠基；（3）秦汉——统一政权下的隐逸变态；（4）魏晋南北朝——隐士精神的高扬；（5）隋唐——隐士精神的低落；（6）宋元——隐士精神的内化；（7）明清——隐士精神的转变。

一、从传说到信史——隐士精神的萌芽

要说隐士精神的发展史，必须从我国的历史开始说起。因为隐士文化史与我国历史一样悠久，自从中华文明在大地上开始展露出第一丝曙光，传说中的隐士就出现了。从传说时代到信史时代之前，我国古代涌现出了大量著名的隐士，虽然其真实性很值得怀疑，但是隐逸传统亦由此形成，隐士精神史也由此发端。西晋皇甫谧《高士传·序》曾说“洪崖先生创高道于上皇之代”，以为黄帝时代的洪崖先生，就已经开始表举清高之道，可见我国隐士出现之早。此外，《庄子》《高士传》等书还分别用生动的语言记载了尧时的被衣、王倪、齧缺、许由、巢父、子州支父、壤父以及舜时的善卷、石户之农、蒲衣子和尧舜禹时的伯成子高等隐士，他们淡泊名利，视权势如粪土，薄帝王而不为。其中尤以许由的故事流传最广，许由也因此被称为“中国第一隐士”：

① 何鸣．遁世与逍遥：中国隐逸简史［M］．兰州：敦煌文艺出版社，2006：第二章．

许由，字武仲，阳城槐里人也。为人据义履方，邪席不坐，邪膳不食。后隐于沛泽之中。尧让天下于许由，曰："日月出矣，而爝火不息，其于光也，不亦难乎？时雨降矣，而犹浸灌，其于泽也，不亦劳乎？夫子立而天下治，而我犹尸之，吾自视缺然，请致天下。"许由曰："子治天下，天下既已治也，而我犹代子，吾将为名乎？名者，实之宾也，吾将为宾乎？鹪鹩巢于深林，不过一枝。偃鼠饮河，不过满腹。归休乎君，予无所用天下为。庖人虽不治庖，尸祝不越樽俎而代之矣！"不受而逃去。啮缺遇许由，曰："子将奚之？"曰："将逃尧。"曰："奚谓邪？"曰："夫尧知贤人之利天下也，而不知其贼天下也。夫唯外乎贤者知之矣！"由于是遁耕于中岳颍水之阳，箕山之下，终身无经天下色。尧又召为九州长，由不欲闻之，洗耳于颍水滨。时其友巢父牵犊欲饮之，见由洗耳，问其故。对曰："尧欲召我为九州长，恶闻其声，是故洗耳。"巢父曰："子若处高岸深谷，人道不通，谁能见子。子故浮游欲闻，求其名誉，污吾犊口。"牵犊上流饮之。许由没，葬箕山之巅，亦名许由山，在阳城之南十余里。尧因就其墓，号曰箕山公神，以配食五岳，世世奉祀，至今不绝也。①

上文故事并非皇甫谧所首创，而是来源于《庄子》一书，其中许由让王故事来自《庄子·内篇·逍遥游》，许由与啮缺对话来自《庄子·杂篇·徐无鬼》。在这里，许由首先推辞尧的禅让，主动避世隐居；后来认为尧让自己做九州长是侮辱自己，并且弄脏了自己的耳朵，

---

① 〔晋〕皇甫谧撰. 高士传［M］. 北京：中华书局，1985：12～14.

因而掬水洗耳。更有趣的是，在另一个隐士巢父的眼中，认为许由还并非彻底的隐士，他的这些行为是在作秀，沽名钓誉。就是这样一段故事，对后代影响极大。后代士人常常以拒喝洗耳之水为由，辞官不当。而且许由隐居过的地方箕山、颍水，都成了隐士的代名词。综上可知，在黄帝、尧、舜、禹的传说时代，在部落联盟时期，当我国社会还处在原始社会时期，隐士们就已经在创造着隐逸文化了。

夏末商初，也出现了两个传说中的高士，他们就是卞随、务光。司马迁在《史记·伯夷列传》中曾以疑问的口气提及他们，《庄子·杂篇·让王》对他们的记载较为详尽：

> 汤将伐桀，因卞随而谋。卞随曰："非吾事也。"汤曰："孰可?"曰："吾不知也。"汤又因瞀光而谋，瞀光曰："非吾事也。"汤曰："孰可?"曰："吾不知也。"汤曰："伊尹何如?"曰："强力忍垢，吾不知其他也。"汤遂与伊尹谋伐桀，克之，以让卞随。卞随辞曰："后之伐桀也谋乎我，必以我为贼也；胜桀而让我，必以我为贪也。吾生乎乱世，而无道之人再来漫我以其辱行，吾不忍数闻也。"乃自投椆水而死。汤又让瞀光曰："知者谋之，武者遂之，仁者居之，古之道也。吾子胡不立乎?"瞀光辞曰："废上，非义也；杀民，非仁也；人犯其难，我享其利，非谦也。吾闻之曰，非其义者，不受其禄，无道之世，不践其土。况尊我乎！吾不忍久见也。"乃负石而自沈于庐水。①

① 〔清〕郭庆藩撰，王孝鱼点校. 庄子集释［M］. 北京：中华书局，1961：985～986.

瞀光就是务光。他和卞随不约而同，先是委婉地拒绝商汤的询问，接着以商汤的让位于己为耻辱，最后都投水自尽，希望能够用清清的河水来洗净自己蒙受的侮辱。故事虽不可信，但却与许由让王事一样，都对后代产生了深远的影响。自此以后，历史上再也没有哪个帝王心甘情愿地让出自己的王位①，最多是让士人在朝廷任职而已。这以后，隐士之事就逐渐有了正史的明确记载。如司马迁《史记·伯夷列传》记载的伯夷、叔齐是商末周初的隐士，《老子韩非列传》记载的老子、庄子是春秋战国时代的，《留侯世家》提到的商山四皓是秦末汉初的，《滑稽列传》记载的东方朔是西汉中期的。从此，隐士们开始层出不穷地出现，隐逸传统就此开始延续下来了。

二、春秋战国——隐士精神的哲学奠基

历史上的春秋（前770～前476年）、战国（前475～前221年）是东周的两个阶段。周王朝东迁以后，实力大大削弱。周天子虽然名义上仍然是天下的共主，但实际上已经无力控制各个诸侯国了，因而全国实际上处于分裂割据、混战不休的状态。虽然国家处于大动荡、大混乱的时代，但却是人们思想上极度自由、极度解放的时代。这个时期，诸子百家应运而生，思想家们纷纷出来著书立说，发表自己的见解。不同的思想流派不但有不同的理论主张，也有着自己相对独立的思想体系。儒家在先秦时期的代表人物主要有孔子、孟子、荀子等，他们崇尚仁义、礼乐，提倡忠恕、中庸之道，主张德治和仁政，重视道德伦理教育和人

① 笔者注：有断袖之癖的汉哀帝除外。据《汉书·佞幸列传》记载，汉哀帝曾打算让位于其男友董贤：上（指汉哀帝）有酒所，从容视贤笑，曰："吾欲法尧禅舜，何如？"

的自身修养。墨家的创始人是墨子，主张兼爱、非攻，尚贤、尚同，强本、节用等，墨家与儒家在先秦战国时期并称显学。道家在先秦时期的代表人物有老子、庄子等，他们以“道”为理论基础，主张道法自然，自然无为，守雌守柔，力图在纷乱的现实社会中追求精神解脱。法家在先秦时期的代表人物有商鞅、韩非子等，他们主张重农抑商、奖励耕战，希望统治者以法治国，仗势用术，用严刑峻法进行统治，为专制的大一统王朝提供了理论根据和治国方略。名家在先秦时期的代表人物有惠施、公孙龙等，他们因为从事论辩名（名称、概念）实（事实、实在）为主要学术活动而得名，惠施主张“合同异”，公孙龙的著名论题有“离坚白”“白马非马”等。阴阳家在先秦时期的代表人物有邹衍等，他们提倡阴阳五行学说，并用它解释社会人事，邹衍因而提出“五德始终说”，并以之作为历代王朝兴废的规律，为新兴王朝的建立提供理论根据。纵横家在先秦时期的代表人物有鬼谷子、苏秦、张仪等，他们以纵横捭阖之策游说诸侯，从事政治、外交活动。杂家在先秦时期的代表人物有吕不韦等，主张兼容并蓄，贯通诸子百家之道，采取诸家之长，是一个综合性的思想流派。农家在先秦时期的代表人物有许行等，他们重视农业生产，认为农业是衣食之本，应该放首位，也重视对农业生产技术、生产经验的总结与记录。小说家主要采集、讲述民间传说议论，平民故事，能够借以考察各地民情风俗，班固《汉书·艺文志》认为“小说家者流，盖出于稗官。街谈巷语，道听途说者之所造也。”

虽然各家皆有自己相对独立的思想体系，相互区别；但是如果把诸子作为一个整体来看，它们又都是中华思想的有机组成部分，从不同角度对我国的思想文化进行了讨论、总结，相辅相成，相互补充，缺一不可。诸子百家的思想主张，为隐士精神的发展奠定了哲学基础。具体来说，为儒道两家共同尊奉的唯一一部经典——《周易》就有着较为复杂的隐逸思想，并分别开启了儒、道两家的隐逸精神。以孔子、孟子为代表的儒家，形成了手段式的待时之隐；以老子、庄子为代表的道家，形成了目的式的适性之隐；以墨子为代表的墨家，形成了兴利除害的侠士之隐；以韩非子为代表的法家，影响并形成了历史上的反隐逸思想。关于儒家、道家和墨家的隐逸思想，本书卷下“第二论　隐士的四大文化原型”已经做出了较为详细的阐述，兹不赘论。下面主要对先秦的反隐逸思想加以论述。

历史上的反隐逸思想，可以从孔子开始说起。孔子曾流露过对隐士的不满，《论语·微子》篇提到孔子师徒遇到长沮、桀溺的故事，就能够看到孔子的这种思想；《论语·微子》篇也记载了孔子的弟子子路的反隐逸思想：

> 子路从而后，遇丈人，以杖荷蓧。子路问曰：“子见夫子乎?”丈人曰：“四体不勤，五谷不分，孰为夫子?”植其杖而芸。子路拱而立。止子路宿，杀鸡为黍而食之，见其二子焉。明日，子路行，以告。子曰：“隐者也。”使子路反见之。至，则行矣。
>
> 子路曰：“不仕无义。长幼之节，不可废也；君臣之义，如之何其废之？欲洁其身，而乱大伦。君子之仕也，行其义也。道之不行，已知之矣。”

这里，子路从儒家的君臣、父子之义出发，认为不仕的隐士违背了人伦纲常，是不对的。总体来说，先秦儒家的三位大师级人物，对待隐士的态度却颇有不同。如前所说，孔、孟都是不反对隐逸的，或者说是有条件地赞成隐逸的，他们在仕隐的选择上体现了较大的自由性。而荀子却对隐士辛辣讥讽，大加排斥。《荀子·非十二子》云："忍情性，綦谿利跂，苟以分异人为高，不足以合大众，明大分。然而其持之有故，其言之成理，足以欺惑愚众：是陈仲、史鰌也。"陈仲就是战国时期齐国的陈仲子，他以为其兄担任齐卿、食禄万钟为不义，于是带着妻子去了楚国。楚王闻知陈仲子贤能，意欲聘他为相，他听说后，又一次与妻子逃走，为人灌园谋生。可以说，陈仲子是古代典型的淡泊名利的高人隐士。史鰌，就是春秋时期卫国的大夫史鱼，以正直敢谏著称。荀子把这两人相提并论，意思是说无论隐居不仕的高人陈仲子，还是居官正直敢谏的史鱼，都是违背个人本性、刻意求异、自以为高尚的人，他们不明忠孝大义，只知夸饰小节，哗众取宠，并使民众疑惑，受到愚弄。由此可见，荀子对隐士是持否定态度的，并对他们大加抨击。此外，《荀子·非十二子》还说："古之所谓处士者，德盛者也，能静者也，修正者也，知命者也，箸是者也。今之所谓处士者，无能而云能者也，无知而云知者也，利心无足而佯无欲者也，行伪险秽而强高言谨悫者也，以不俗为俗、离纵而跂訾者也。""处士"指未仕或不仕的士人，有人也理解为不出仕于朝廷而居家的士人，今人把它作为隐士的别称。在这里，荀子借着对古代隐士的称赞，对当今的隐士进行了非常激烈的抨击，讥刺他们虚伪、虚荣，内心阴险、污秽，贪得无厌，但是表面上却高言抗俗、自命清高，荀子对隐士的否定态度非常明确。

作为荀子的得意门生，法家代表人物韩非子的态度比其师更为激烈。他对隐士不但深恶痛绝，而且极力教唆人君，一定要杀掉隐士而后快。韩非子说：

古有伯夷、叔齐者，武王让以天下而弗受，二人饿死首阳之陵。若此臣，不畏重诛，不利重赏，不可以罚禁也，不可以赏使也，此之谓无益之臣也。吾所少而去也，而世主之所多而求也。(《韩非子·奸劫弑臣》)

伯夷、叔齐本是孤竹国的两个王子，他们让位隐退，劝阻武王讨伐商纣，遭到拒绝就隐居在首阳山，耻食周粟，采薇充饥，后来不幸饿死。伯夷、叔齐的节操、行为，得到后人的称扬与尊崇，是后人心目中淡泊名利、廉洁清正的典范。韩非子对他们做了改造，突出了他们薄天下而不为的形象，认为他们“不畏重诛，不利重赏，不可以罚禁也，不可以赏使也”，即是说惩罚、奖赏对他们不起作用，统治者无法利用他们，因而是“无益之臣”，应在斥退之列。在《韩非子·外储说右上》，韩非子更是虚构了齐国东海上的狂矞、华士两个隐士，他们二人宣扬说：“吾不臣天子，不友诸侯，耕作而食之，掘井而饮之，吾无求于人也。无上之名，无君之禄，不事仕而事力。”这里虚构的两个名字，本身就隐含着狂妄自大、诡谲欺世、华而不实、沽名钓誉的否定性评价，太公望到了齐国，第一件事就是诛杀他们，至于罪名，也是冠冕堂皇的。太公望说：

彼不臣天子者，是望不得而臣也；不友诸侯者，是望不得而使也；耕作而食之，掘井而饮之，无求于人者，是望不得以赏罚劝禁也。且无上名，虽知不为望用；不仰君禄，虽贤不为望功。不仕，则不治；不任，则不忠。且先王之所以使其臣民者，非爵禄则刑罚也。今四者不足以使之，则望当谁为君乎？不服兵革而显，不亲耕耨而名，又非所以教于国也。今有马于此，如骥之状者，天下之至良也。然而驱之不前，却之不止，左之不左，右之不右，则臧获虽贱，不托其足。臧获之所愿托其足于骥者，以骥之可以追利辟害也。今不为人用，臧获虽贱，不托其足焉。已自谓以为世之贤士而不为主用，行极贤而不用于君，此非明主之所以臣也，亦骥之不可左右矣，是以诛之。

韩非子假借太公望对狂矞、华士定的罪名，体现了他自己的判断标准。本来狂矞、华士不臣天子，不友诸侯，自耕自食，与世无争，并没有损害到别人的利益。但是太公望刚刚被封为齐国君主，狂矞、华士所摆出的不与统治者合作的消极态度，这就非常不利于统治。出于统治的需要，狂矞、华士就不得不成了牺牲品。在统治者的心中，不管你们是否“贤者”，名气再大，只要危害到他们的统治秩序，一律杀无赦！真是欲加之罪，何患无辞？韩非子为统治阶级出谋划策，否定隐士的态度，亦由此可见一斑！《韩非子·说疑》篇还列举了历史上众多的隐士，认为他们搞乱了统治者的赏罚举措，没有办法再推行法令，君主不能允许他们的存在，应该对他们杀无赦！中国古人反对隐士的思想，除了一些特殊时期，从来没有在历史上处于过主导地位，但是反对隐士、甚至于以武力消灭隐士的呼声，从荀子、韩非子以降，就从未间断过。

三、秦汉——统一政权下的隐逸变态

秦汉是我国历史上早期的统一强大的封建专制王朝。此时，国家结束了分裂局面，全国一统，政令统一。但是在思想上，却也陷入了不自

由的状态。恰如何鸣所说："秦汉帝国的建立，在精神文化世界耸立起来的是一种权威，一种不可侵犯的神圣，太阳之下的一切事物统统被纳入到君君臣臣、统治与被统治的秩序之中，不允许有逾越其外的旁音杂调。"① 用东方朔的话说就是："圣帝流德，天下震慑，诸侯宾服，连四海之外以为带，安于覆盂，动犹运之掌，贤不肖何以异哉？遵天之道，顺地之理，物无不得其所；故绥之则安，动之则苦；尊之则为将，卑之则为虏；抗之则在青云之上，抑之则在深泉之下；用之则为虎，不用则为鼠。"（《汉书》卷六十五《东方朔传》）生活在这样的时代，连隐士也不得不匍匐在皇帝的脚下。东方朔就是在这样的时代最早实践"朝隐"的：

> 朔行殿中，郎谓之曰："人皆以先生为狂。"朔曰："如朔等，所谓避世于朝廷间者也。古之人，乃避世于深山中。"时坐席中，酒酣，据地歌曰："陆沈于俗，避世金马门。宫殿中可以避世全身，何必深山之中，蒿庐之下。"金马门者，宦者署门也，门傍有铜马，故谓之曰"金马门"。（《史记·滑稽列传》）

所谓"朝隐"就是"避世于朝廷间"，一边做官一边做隐士，不用再到深山老林去隐居了。与此相类似，后世还有"大隐""吏隐""中隐"等说法。对于这样的隐士，历史上褒贬不一。严格地说，"朝隐""吏隐"更多的是一种标榜，一种"希企隐逸"的思想倾向。因为他们

---

① 何鸣. 遁世与逍遥：中国隐逸简史［M］. 兰州：敦煌文艺出版社，2006：41～42.

一方面得到了做官的实惠，拿着一定的俸禄，生活无忧；另一方面又自称隐者，淡泊名利，高雅闲适，自由自在。但是实际上，身有官位就不可能完全自由，不受拘束。因此说这类人大多不无虚伪，有名无实，是名实俱享，且又不弃朝廷俸养的"禄隐"之辈，有人讥之为"不夷不惠"，或者是"东食西宿"，还是有一定道理的。郭象《庄子·逍遥游注》的这段话可以看作"朝隐"者内心的自我表白："夫圣人虽在庙堂之上，然其心无异于山林之中，世岂识之哉？徒见其戴黄屋，佩玉玺，便谓足以缨绂其心矣；见其历山川，同民事，便谓足以憔悴其神矣；岂知至至者之不亏哉？""朝隐"的出现，使我们看到统一强权下的隐逸精神，也被挤压得变了形，不复是传统意义上的隐士了。

四、魏晋南北朝——隐士精神的高扬

魏晋南北朝是我国历史上继春秋战国之后的又一个大动荡、大分裂的时代。从东汉末年的黄巾大起义（公元 184 年），到隋文帝统一中国（公元 589 年），在这整整四百年的时间里，只有西晋有过短暂的统一，其它时间中原大地一直处于分裂、战乱之中。诚如袁行霈等人所说："汉末的战乱，三国的纷争，西晋统一不久发生的'八王之乱'，西晋的灭亡与晋室的东迁，接下来北方十六国的混战，南方东晋王敦、桓玄等人的作乱，北方北齐、北魏、北周等朝代的一次次更迭带来的斗争，南方宋、齐、梁、陈几个朝代的更迭带来的争斗，以及梁末的侯景之乱，再加上东晋、南朝的北伐，北朝的南攻，在三百多年里，几乎没有

多少安宁的时候。战乱和分裂，成为这个时期的特征。”① 当战乱与分裂主导了一个时代的时候，也是生产凋敝、生灵涂炭、社会萧条的时候，但是“国家不幸诗家幸”，战乱与分裂促成了中国历史上又一个思想解放时代的诞生。宗白华认为：“汉末魏晋六朝是中国政治上最混乱、社会上最苦痛的时代，然而却是精神史上极自由、极解放，最富于智慧、最浓于热情的一个时代。因此也就是最富有艺术精神的一个时代。只有这几百年间是精神上的大解放，人格上思想上的大自由。”②

思想上的自由解放，旧的传统秩序的土崩瓦解，也使得文人士大夫的心态发生了微妙的变化。相对而言，魏晋南北朝时期士人的心态显得非常开放，能够摆脱礼法的约束，更为看重情性、个性、自由，内在的精神追求也更为丰富。自从汉末大乱，士人从经学的桎梏中挣脱出来，就开始了人的觉醒，而“人的觉醒是在对旧传统旧信仰旧价值旧习俗的破坏、对抗和怀疑中取得的”③。在批判并重新思考了儒家思想之后，士人又接纳了道家、佛家、神仙家等更加富于思辨色彩和出世倾向的思想来指导自己的人生航程。“人在这里不再如两汉那样以外在的功业、节操、学问，而主要以其内在的思辨风神和精神状态，受到了尊敬和顶礼。是人和人格本身而不是外在事物，日益成为这一历史时期哲学和文艺的中心。”④ 个性、自由、生命、情感……成为魏晋南北朝时代的主旋律，而隐逸生活成为时人普遍认可的能够承载得起这些主题的最佳载

---

① 袁行霈. 中国文学史（第二卷）［M］. 北京：高等教育出版社，2005：7.

② 宗白华. 美学散步·论《世说新语》和晋人的美［M］. 上海：上海人民出版社，1981：208.

③ 李泽厚. 美的历程［M］. 北京：中国社会科学出版社 1984：112.

④ 李泽厚. 美的历程［M］. 北京：中国社会科学出版社，1984：113.

体。因为时人以为：士人一旦隐逸，就能既获得清高的名声，又远离危机四伏的政治，既可保全个体生命，又有了行动自由，显示出自己的个性，从而拥有一种自我价值实现的认同感。这时出现了许许多多的隐士，文学作品中隐士的形象也变得丰富多样起来，如有神仙化的隐士、平民化的隐士、官吏化的隐士以及僧侣化的隐士等。隐士精神在经过了秦汉时期的压抑之后，绽放出迷人的魅力。此时士人以隐逸为高，隐逸之风大为盛行，隐士精神得到了充分的张扬。

五、隋唐——隐士精神的低落

隋唐时期，随着社会大一统的实现与国家综合实力的逐步强盛，文人学士们对待人生的态度亦显得非常积极有为，他们的社会责任感也得到了空前的提升，隐逸也由原来主要与出仕相对的一种生活方式沦落为出仕的一种工具，标志着隐士精神的逐渐低落与迷失。与前时代尤其魏晋南北朝时期的诗人相比，初、盛唐时期诗人的人生态度要积极得多，社会责任感也要强烈得多。袁行霈等指出："唐代士人对人生普遍持一种积极的、进取的态度。国力的日渐强大，为士人展开了一条宽阔的人生道路。唐人入仕，较之前代有更多途径。开科取士，唐沿隋旧，而更加发展成熟……科举之外，尚有多种入仕途径，如入地方节镇幕府等。入仕的多途径，为寒门士人提供了更多的机会……由于国力强大，唐代士人有着更为恢宏的胸怀、气度、抱负与强烈的进取精神。他们中的不少人，自信与狂傲，往往集于一身。"① 随着唐代"帝王名臣以治世为

---

① 袁行霈．中国文学史（第二卷）［M］．北京：高等教育出版社，2005：168.

务，轻出世之法”，文人学士亦不读“非圣之文”，① 思想状态上多趋入世，隐士精神也由魏晋南北朝时期的高扬而开始了日渐衰落。隐逸本来作为人生理想生活的最终归宿受到了人们的普遍质疑，隐逸几乎完全沦落为文人出仕的一种手段，标志着隐士精神的低落与迷失。

在初、盛唐尤其盛唐时代，隐逸作为出仕之手段这一看法已成为人们的共识，兹举几例。霍松林、傅绍良两先生以为：“如果说科举和军功最具有盛唐时代特色的话，那么‘终南捷径’——隐逸则可谓是传统入仕方式在盛唐的发展……当时不少山林之士多以此为入仕之途，尽管这种身在江湖心在魏阙之举不足嘉，但作为一种生活方式和入仕手段，由隐而仕在当时产生的影响是不容低估的。”② 游国恩等也认为：“统治阶级提倡佛老，也造成一种特殊的政治生活局面：对那些求仕困难的文人，由隐而仕，往往是一条‘终南捷径’。”③ 袁行霈亦持同样态度：“但在盛唐士人中，那种消极遁世、为隐居而隐居的纯粹隐者是没有的。有人以归隐作为入仕的阶梯，于是有‘终南捷径’之说。而更多的是将归隐视为傲世独立的表现，以入于山林、纵情山水显示人品的高洁；进而把返归自然作为精神的慰藉和享受，寻求人与自然融为一体的纯美天地。”④ “终南捷径”正是对盛唐文士把隐逸作为出仕手段的经典概括，这是当时以及后代某些人以隐求显、获得荣禄的不二法门。“终南捷径”的盛行，正是隐士精神低迷的主要

---

① 汤用彤．隋唐佛教史稿［M］．北京：中华书局 1982：39.

② 霍松林，傅绍良．盛唐文学的文化透视［M］．西安：陕西师范大学出版社，2000：157～158.

③ 游国恩．中国文学史（二）［M］．北京：人民文学出版社，1963：39.

④ 袁行霈．中国文学史（第二卷）［M］．北京：高等教育出版社，1999：242.

标志。

六、宋元——隐士精神的内化

经过了隋唐时期的低迷，到了宋元时代，隐士精神又重新复苏。正如何鸣所说："与唐代相比，宋代隐逸之风要更为炽盛，宋代隐逸文化起码在形式上可说是集前代之大成，各类隐逸形式重新复苏，一一展示自身的风采。"① 宋元时期出现了各种类型的许许多多的隐士，标志着隐逸之风盛行，但是此期隐士精神也有一个重要的变化，那就是内化。宋代的隐士更为看重内心的平和、旷达，而不再追求形式，像种放、欧阳修、苏轼等亦官亦隐者就是如此。苏轼不同于以往文人单纯地避世山林、独享幽居之乐，而是积极入世，亦仕亦隐，并涉及对人生终极归宿的考问。他在宦海沉浮中进行自我磨炼、自我修养、自我完善，形成了一种不同寻常的精神气质，他出入儒、道、佛三教而圆融无碍，乐天知命、随缘自适。美学家李泽厚对苏轼的评论非常精辟，他认为苏轼"一生并未退隐，也从未真正'归田'，但他通过诗文所表达出来的那种人生空漠之感，却比前人任何口头上或是事实上的'退隐'、'归田'、'遁世'要更深刻更沉重。因为，苏轼诗文中所表达出来的这种'退隐'心绪，已不只是对政治的退避，而是一种对社会的退避……是对整个人生、世上的纷纷扰扰究竟有何目的和意义这个根本问题的怀疑、厌倦和企求解脱与舍弃。"② 由此可见，苏轼把隐逸行为内化为对人生终极归宿的追问，对生命价值的探索，他看重的是人生内心的解脱

---

① 何鸣．遁世与逍遥：中国隐逸简史［M］．兰州：敦煌文艺出版社 2006：58.

② 李泽厚．美的历程［M］．北京：中国社会科学出版社，1981：153.

与超越。

元朝是我国历史上第一个由少数民族——蒙古族的统治者建立的统一政权，其草原游牧文明对中原文化主要是农耕文明进行了巨大冲击，一定程度上了造成了汉族文化的断裂。元代实行民族歧视政策，且常年废除科举，各族文人出仕无望，处于社会底层，社会矛盾的日益加剧，使得元代文人的现实生存十分艰险，隐逸避世已变成一种实践行为，成为当时士人共同的立身处世原则，于是隐逸成为元代文人最突出的道德姿态。在这种道德姿态背后，隐藏着一个时代困顿的生命、漂泊的灵魂。么书仪指出："汉族书生作为汉文化的代表和旗帜，在元朝一百多年中，也将'自我'缩小到最大限度，可怜兮兮地维持着自己的生存地位。"① 元代文人的作品中，有着非常浓厚的隐逸内容，并努力从隐逸中寻求得精神的平衡，心理的安宁。如关汉卿追求"离了利名场，钻入安乐窝，闲快活"（[南吕·四块玉]《闲适》四首其三）的生活，认为应该"急流勇退寻归计"，"采蕨薇，洗是非；夷齐等，巢由辈。这两个谁人似得？松菊晋陶潜，江湖越范蠡。"（[双调·乔牌儿]《歇拍煞》）马致远宣扬"闲身跳出红尘外""太平幸得闲身在"（[南吕·四块玉]《闲适》），其[般涉调]《哨遍》云："半世逢场作戏，险些儿误了终焉计。白发劝东篱，西村最好幽栖，老正宜。茅庐竹径，药井蔬畦，自减风云气。嚼蜡光阴无味，旁观世态，静掩柴扉。虽无诸葛卧龙冈，原有严陵钓鱼矶，成趣南园，对榻青山，绕门绿水。"真是"其意自在借古人酒杯，浇自己块垒"②。

① 么书仪. 元代文人心态［M］. 北京：文化艺术出版社 1993：238.
② 叶庆炳. 中国文学史（下册）［M］. 台北：台湾学生书局，1988：205.

七、明清——隐士精神的转变

明朝建立之后，其开国皇帝朱元璋实行反对隐逸的政策，以为士人不出仕就应该处罚，并把之写进了大明法律之中。这透露出一个消息，随着历史发展，封建君王越来越专制。事实正是如此，明、清是我国封建王朝的最后两个朝代，也是最为专制的两个王朝，统治者对文化、对文人都非常霸道，他们屡次兴起文字狱，尤其对文人实行彻底地奴化政策，要剥夺文人身上一切的自由、自尊。明、清统治者最得意的是"科考内容与科考形式连同选举制度的一条龙流水线的严密设计，这个设计就像一张大口袋，要把文人都装进去，都控制起来"①。在这样的时代，包括隐士也不得不进行转化，向着另外一条道路走去，恰如何鸣所说："从明中叶到清康乾时期，隐逸精神的世俗化已经成为一种普遍现象、一种文化潮流，从山林走向闹市，从自然走向社会，从超逸走向世俗。这个时期的文人把精神的快乐建立在物质享乐的基础上，在世俗中获得快乐、潇洒、自在。"② 隐士精神向着世俗转化成为明清时代隐逸文化发展的特点，并进而对现当代产生了一定的影响。

如明中期"吴中四才子"中的唐寅、祝允明、文徵明等人，他们前期虽也求取功名，但是很快就厌弃了官场生活，转而凭借自己的一技之长，逍遥于闹市，玩世自放。其中唐寅最为典型，他返回吴中后以卖画为生，过着"益放浪名教外"（《唐伯虎集外编》引王世贞语）的生

---

① 何鸣. 遁世与逍遥：中国隐逸简史［M］. 兰州：敦煌文艺出版社，2006：67.

② 何鸣. 遁世与逍遥：中国隐逸简史［M］. 兰州：敦煌文艺出版社，2006：68.

活，对科举、权势、荣名，对传统的价值体系采取蔑视和对抗的态度，并有意识地强化自己“狂诞”的形象。他嘲笑利禄之徒“傀儡一棚真是假，髑髅满眼笑他迷”，自称“此生甘分老吴闾，宠辱都无剩有狂”。(《漫兴》) 总之，唐寅身上显著地表现出一个超越了缙绅阶层的市井隐士的形象。再如清代“扬州八怪”中的郑板桥等人也是如此。郑板桥做过两任知县，后来不合于上司而辞官，也靠卖画为生，喜欢臧否人物，颇有狂名，宣称：“古人以文章经世，吾辈所为，风月花酒而已。逐光景，慕颜色，嗟困穷，伤老大，虽刳形去皮，搜精抉髓，不过一骚坛词字尔，何与于社稷生民之计，三百篇之旨哉?”① 虽是自我解嘲，但能够看出作者反传统、求解脱的个性尊严，品行高洁，不同流俗，虽生活在人间闹市，却颇具隐逸精神的真谛。《儒林外史》的作者吴敬梓，厌恶功名富贵，不科考，不应征，也可算一位隐士了。其《儒林外史》值得注意，第一回“楔子”里以王冕为榜样，宣扬王冕的“嵚崎磊落”，他反对科举，不愿出仕而逃诏隐居，算得上庄子一流的真隐士；最后一回写了市井四大奇人，即会写字的季遐年、卖火纸筒子的王太、开茶馆的盖宽和做裁缝的荆元，他们不参加科举考试，不愿做官，自食其力，过着自由自在、自得其乐的生活，他们也可被视为市井隐士了。

前面，笔者简单考察分析了我国隐士精神的发展脉络。尤其到了明清时期，由传统隐士转化后的市井隐士，他们不再隐居山林，也不出仕为官，而是有自己谋生的职业，过着不受拘束、自由自在的生活。或许

---

① 刘大杰. 中国文学发展史（下）［M］. 上海：上海古籍出版社，1982：1195～1196.

他们物质上并不丰富，但是他们在精神上是大富豪、品格上是大贵族，我们可以称之为“心灵隐士”。历史发展到今天，其实我们没有必要讨论现在还有没有隐士，或者现代的隐士是什么样子，也没有必要说什么“大隐隐于朝，中隐隐于市，小隐隐于野”，执着于“大隐”“小隐”等名称的争论，我们只要记住隐士精神就足够了。那些生活在官场之外，自甘平凡却又特立独行、自由自尊的文人，应该是已经把隐士精神融化到自己的心灵中了。《金刚经》有云：“凡所有相，皆是虚妄，若见诸相非相，即见如来。”既然如此，执着于名相，再去讨论他们是不是隐士就没有多大实际意义了。

主要参考文献

[1]〔汉〕司马迁．史记［M］．北京：中华书局，1965.

[2]〔汉〕班固．汉书［M］．北京：中华书局，1962.

[3]〔南朝〕范晔．后汉书［M］．北京：中华书局，1965.

[4]〔唐〕房玄龄等．晋书［M］．北京：中华书局，1974.

[5] 二十五史，均为中华书局点校本。

[6]〔晋〕皇甫谧．高士传［M］．北京：商务印书馆，1937.

[7]〔晋〕皇甫谧撰，刘晓东校点．高士传［M］．沈阳：辽宁教育出版社，1998.

[8]〔清〕朱谦之撰，老子校释［M］．北京：中华书局，1984.

[8]〔清〕郭庆藩撰，庄子集释［M］．北京：中华书局，1961.

[10]〔汉〕赵岐撰，挚虞注．三辅决录［M］．北京：中华书局，1991.

[11] 蒋星煜．中国隐士与中国文化［M］．上海：生活·读书·新知三联书店上海分店，1988.

[12] 常金仓．中国十大隐士［M］．延边：延边大学出版社，1991.

［13］聂雄前．中国隐士［M］．长沙：湖南文艺出版社，1991.

［14］刘文刚．宋代隐士与文学［M］．成都：四川大学出版社，1992.

［15］马华，陈正宏．隐士生活探秘［M］．济南：山东文艺出版社，1992.

［16］陶东风等．死亡·情爱·隐逸·思乡——中国文学四大主题［M］．杭州：杭州大学出版社，1993.

［17］高敏．中国历代隐士［M］．郑州：河南人民出版社，1994.

［18］袁大川．佛道隐逸传［M］．海口：海南出版社，1994.

［19］张立伟．归去来兮——隐逸的文化透视［M］．北京：生活·读书·新知三联书店，1995.

［20］傅谨．仕隐之思［M］．西安：陕西人民出版社，1996.

［21］韩兆琦．中国古代的隐士［M］．北京：商务印书馆国际有限公司，1996.

［22］冷成金．隐士与解脱［M］．北京：作家出版社，1996.

［23］陈洪．隐逸人格［M］．武汉：长江文艺出版社，1996.

［24］马华，陈正宏．隐士的真谛［M］．北京：国际文化出版公司，1997.

［25］孙适民，陈代湘．中国隐逸文化［M］．长沙：湖南出版社，1997.

［26］冯克成，王海燕．仙风道骨——中国历史上的佛道隐逸［M］．西宁：青海人民出版社，1997.

［27］王晓岩，李长新．隐士传奇［M］．沈阳：辽宁人民出版社，1997.

[28] 张仲谋．兼济与独善——古代士大夫处世心理剖析 [M]．北京：东方出版社，1998.

[29] 张南．隐士生涯 [M]．桂林：广西师范大学出版社，1998.

[30] 许建平．山情逸魂——中国隐士心态史 [M]．北京：东方出版社，1999.

[31] 陈国光．闲话隐士 [M]．武汉：湖北人民出版社，2000.

[32] 木斋，张爱东，郭淑云．中国古代诗人的仕隐情结 [M]．北京：京华出版社，2001.

[33] 纳兰秋．隐士大风流 [M]．南宁：广西人民出版社，2007.

[34] 王广新．中国隐士的品格 [M]．西安：陕西出版集团，三秦出版社，2010.

[35] 陈团结等．终南隐士 [M]．上海：上海文化出版社，2013.

[36] 王晶．中国历代隐士 [M]．长春：吉林出版集团有限责任公司，2014.

隐士赋（代后记）

求实先生者，京师人也。先生系本朝皇室旁支，才华超卓，志向高远，以不惑之年而执掌台阁，为时人所重。时偶染恙，进药数日而未有起色，形容消瘦，气息衰弱，遂卧桢楠之榻，倚金丝之枕，铺玉凤之褥，盖飞龙之衾，倏然而入梦。

梦游无何有之乡。见乡人疏懒，以击壤为乐而不思科举，与家人嬉戏而不慕富贵，遂愤然登高台而聚众大呼曰："人生在世，当以修身齐家、治国安邦为要，当以建功立业、封妻荫子为荣，岂能老死故乡，不思进取乎？"语未毕而闻哂笑之声。视之，乃一布衣老者也，衣衫破旧，面色红润，鼻如悬胆，目若星辰。问之曰："尔为谁？"

老者徐吐金石之音，曰："吾乃务虚子也。"

曰："尔发嗤笑之声，可有说乎？"

曰："公知其一，未知其二。公乃大富大贵之人，不知闲云野鹤之士。闲云野鹤之士者，乃隐士也。"

曰："隐士之事，可得闻欤？"

曰："夫隐者之名，源自《论语》；隐士之称，首见《庄子》。考其形迹，上古发端；论其风流，唐虞起源。

若夫披衣、王倪，高蹈于上皇之代；巢父、许由，隐居于圣帝之朝。其尤大者，乃是许由。姱节永存，洗耳于颍水；高风常在，遁耕于箕山。其后，舜有石户之农，入海不返；禹见伯成子高，归乡耘田。商汤让王，随、光沉水；武王伐纣，夷、齐自绝。太伯、仲雍，三让天下；潜回荆蛮，纹身祝发。于是降自东周，未泯古风。桓公五访小臣稷，岂无诚心？文侯一拜段干木，非是雅意？陆通、陈仲，辞聘于楚王；黔娄、泄柳，逃赏于鲁公。至若柱下史，崇无为；漆园吏，尚逍遥。言既出，身便隐；此二子，铸隐魂。

乃知高帝斩白蛇而得天下，四皓居商山以逃侮辱。韩信贪功名，身死长乐；张良鄙富贵，义存始终。周党、王霸，不屈于光武；严光、牛牢，自弃于帝助。魏武求贤，寻渔父于渭滨；皇叔礼士，访野人于隆中。晋宋之世，隐风大炽；山水田园，逸民钟意。范粲、郭琦，老死于晋武之野；戴颙、宗炳，不立于宋武之廷。时有陶氏渊明，人称古今隐逸诗人之宗。五仕五隐，终得归耕；有酒有诗，不惧屡空。靖节在家，田园茂盛；征士辞聘，五柳长青。

至若齐太祖聘伯玉、僧绍，徒劳无功；梁武帝征何点、孝绪，不知其踪。若唐高宗武后，屡造幽人之宅，坚回隐士之车；若宋太宗真宗，常誉高洁之士，每赏淡泊之人。而如赵质辞聘于金章宗，杜瑛逃封于元世祖；事皆见诸于青史，名均流芳于红尘。然迨至本朝，大变其风。取法乎韩非，文人钳口；开罪于严光，出处禁行。圜中士夫，须为君用；隐士幽人，付诸刑名。呜呼！数千年雅韵至今而断，岂不哀哉、痛哉！公立朝堂之上，不明隐士之事，亦无足为怪矣！”

求实先生闻之，惭色现于脸颊，冷汗发乎脊背，一梦而觉。遽披衣而起，大呼侍者，不知其病几已瘳矣。